100 Pflanzen

Eva und Wolfgang Dreyer

**Heimische Arten,
die man kennen sollte**

KOSMOS

Warum man 100 Pflanzen kennen sollte

Die Vielfalt der Pflanzen ist kaum vorstellbar. Über 400 000 verschiedene Arten gibt es auf der Erde, etwa 4000 – 6000 wachsen in Mitteleuropa. Wir begegnen ihnen jeden Tag.

Wir essen sie täglich, geben sie unseren Kindern bei Erkältung oder holen ihre Wirkstoffe ganz modern aus der Apotheke. Wir bauen mit ihrem Holz ein Haus, stellen ihre Blüten in die Vase und freuen uns, wenn der Frühling wieder ihre Farben bringt. Wir würzen mit Pflanzen, verschenken damit Liebe und träumen manchmal unter einem alten Baum. Pflanzen und wir – das ist eine lange gemeinsame Geschichte.

Dieses Buch wendet sich an alle, die Lust haben, die wichtigsten Pflanzen unseres Lebens zu entdecken. Vorkenntnisse sind dazu nicht nötig. Es ist ganz leicht, 100 von ihnen kennen zu lernen. Wir haben sie in fünf Gruppen eingeteilt:

Wildblumen
Bäume und Sträucher
Heilpflanzen
Giftpflanzen
Feldfrüchte

Die Blätter der Winter-Linde sind schief herzförmig.

Innerhalb dieser Gruppen haben wir die häufigsten Pflanzenarten unserer Umgebung ausgewählt und in ganzseitigen Porträts vorgestellt. Hier finden Sie Angaben zur Familie, Blütezeit und Wuchshöhe und unter dem Stichwort „Merkmale" einige zum sicheren Erkennen. Wir haben Pflanzen ausgewählt, die uns auf Schritt und Tritt begegnen. Dabei haben wir auf Flechten und Moose verzichtet. Diese sind einfach zu schwierig zu bestimmen. Auch Pilze finden Sie nicht in diesem Buch. Sie werden heute nicht mehr zu den Pflanzen gerechnet, sondern bilden in der wissenschaftlichen Ordnung ein eigenes Reich.

Die ausführlichen Texte erzählen Geschichten von den einzelnen Pflanzen und von uns Menschen. Und damit Sie die

Pflanze, die Sie entdeckt haben, möglichst nie mehr vergessen, gibt es einen Merksatz vorneweg.

Ein Beispiel: Der „Baum mit den schiefen Herzen" kann nur die Winter-Linde sein. Und das Gänseblümchen ist „Die Blume der Kinder".

Obwohl wir uns bemüht haben, Fachausdrücke weitgehend zu vermeiden, ist uns das nicht immer gelungen. Begriffe wie Kelch oder Griffel sind einfach nicht zu ersetzen. Im folgenden Schema finden Sie die wichtigsten Elemente einer Blütenpflanze im Bild erklärt. Ein kleiner Tipp noch: Nicht alle Pflanzen tragen ihre Blätter wie auf der Zeichnung abwechselnd am Stängel, was man als „wechselständig" bezeichnet. Bei einigen stehen sich die Blätter am Stängel genau gegenüber, sind also „gegenständig". Wo diese Blattstellung die Bestimmung erleichtert, haben wir sie in der Rubrik „Merkmale" mit den Begriffen „Blätter wechselständig" und „Blätter gegenständig" aufgeführt.

Das Gänseblümchen ist eine der häufigsten Pflanzen unserer Umgebung.

Medizin aus der Natur

Wildhecken, Wiesen und Ackerränder waren schon immer die Apotheke der Menschen auf dem Land. Weißdornblüten stärkten das Herz, der Acker-Schachtelhalm half bei Nierenleiden, die Schafgarbe heilte Wunden und Salbei linderte Erkältungen. Paracelsus sagte: „Alle Wiesen und Matten, alle Berge und Hügel sind Apotheken." Viele Jahre wurde die Kloster-

Warum man 100 Pflanzen kennen sollte

medizin des Mittelalters belächelt. Doch heute erlebt sie eine Renaissance. Eine moderne Studie der Universität Würzburg bestätigt uns im Jahr 2000: Viele alte Pflanzenmittel helfen hervorragend.

Luft zum Atmen

Pflanzen haben unsere Geschichte bewegt und tun es noch. Wir brauchen die Pflanzen wie die Luft zum Atmen. Was die Naturgeschichte an Formen und Farben, Gestalten und scheinbaren Spielereien hervorgebracht hat, können selbst unsere

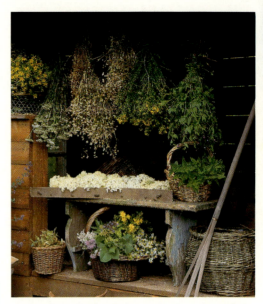

Die Sträuße an der Luft zu trocknen ist die schonendste Methode, die Wirkstoffe in den Pflanzen zu bewahren.

kühnsten Fantasien kaum erahnen. Da gibt es die mikroskopisch kleinen, einzelligen Pflanzen, die im Meer schweben und unseren Planeten zu einem großen Teil mit Sauerstoff versorgen. Ohne diese kaum sichtbaren Algen hätten wir Atemnot. Wir könnten nicht zu den riesigen Borsten-Kiefern in Kalifornien aufschauen, die zu den größten Lebewesen unseres Planeten gehören. Über 4600 Jahre stehen sie schon da und sind älter, als wir unsere Menschengeschichte aufschreiben können.

Pflanzen zum Wohnen

In vielen Städten und Dörfern stehen die schönsten Zeugen, mit Holz ein dauerhaf-

> **Wussten Sie das?**
>
> Das erstaunlichste Wunder der Pflanzen ist die Photosynthese. Dahinter versteckt sich ein chemisch komplizierter Vorgang. Pflanzen können in ihren Zellen mit dem Blattgrün, dem Chlorophyll, Sonnenenergie einfangen. Sie bauen aus Wasser und Kohlendioxid (dem gleichen Gas wie im Mineralwasser) Zuckerstoffe auf und geben dabei Sauerstoff frei. Einen Teil verbrauchen sie selbst zum Atmen. Der Großteil bleibt uns aber zum Atmen. Pflanzen geben uns vieles: Luft zum Atmen, Zucker als Stärke zum Essen, Minerale für unseren Stoffwechsel, Vitamine für unser Immunsystem, Blütenfarbstoffe zum Färben, Fasern als Ballaststoffe. Viele dienen als Medizin, wenn Apotheker sie kunstvoll genau dosieren.

tes Haus zu bauen. Der Fachwerkbau zeigt uns die erstaunlichen Beispiele alter Baukunst. Eiche, Tanne und Fichte lieferten das Holz, aus dem Häuser sind. „Die Eiche trägt, die Fichte verstrebt und die Tanne verziert", sagte man im Mittelalter. Das Beschlagen des Stammes mit dem Beil war dabei die wichtigste Kunst des Zimmermanns. Die alten Häuser stehen immer noch und erzählen aus alter Zeit. Ob auch ein heutiges Haus so lange überlebt? Das gleiche Holz wird immer noch verwendet.

Aus Pflanzen werden Häuser gebaut. Tragende Balken, stützende Streben sind aus Holz – heute wie damals.

Unser täglich Brot

Irgendwann vor rund 6000 Jahren fingen unsere Vorfahren an, die Samen von Wildgräsern zu sammeln, sie auszusäen und wieder zu ernten. Ihre Felder waren oft von anderen Unkrautgräsern durchwachsen. Sie zu trennen und reine Weizen-, Emmer- oder Gerstenfelder anzulegen, gelang nur schwer. Nach der Ernte droschen sie die Getreidegarben auf dem Boden, warfen die Körner in den Wind, um die Spreu vom Weizen zu trennen.

Auch Jahre später gestalteten die Menschen ihre Landschaft. Sie rodeten den Wald, pflanzten Sträucher an die Feldgrenzen und pflügten die Felder, um möglichst reine Kulturen zu erhalten. Sie bauten Mühlen und mahlten das Korn aus, um an die Stärke der Pflanzen zu kommen. Zuerst war ihre Nahrung eine Art Müsli, später

Nur aus gemahlenem Getreide lässt sich Brot backen. Früher mahlte es der Wind.

Warum man 100 Pflanzen kennen sollte

Ein Mosaik aus Feldern und Hecken war und ist eine naturnahe Möglichkeit, die Kräfte von Pflanzen für uns zu nutzen.

backten sie aus eiweißreichen Getreiden, die auch „klebten" und einen Teig ergaben, den man zu Brot backen konnte.

Der Kampf gegen Unkräuter prägt die Landwirtschaft noch heute. Der Wind trägt immer noch unerwünschte Pflanzensamen ein. Chemische Abwehrstoffe wurden entwickelt, deren Rückstände sich oft als schädlich erwiesen. Doch die biologischen Wirtschaftsweisen kehren mit neuem Wissen zurück.

Die Kulturlandschaft ist eine absichtlich aus dem biologischen Gleichgewicht geschubste Pflanzen- und Tierwelt. Nur diese ist produktiv. Die Natur strebt immer danach, einen möglichst bunten Pflanzenteppich zu erreichen, Monokulturen kommen in der Natur nur selten vor. Doch nur eine möglichst reine Kultur bringt auch Erträge. Der Kompromiss zwischen guten Erträgen und einer möglichst reichen Pflanzen- und Tierwelt ist eine Mosaiklandschaft aus Feldern, Hecken und Wäldern.

Die Heckenlandschaft

Die schönsten Beispiele erfolgreicher, bäuerliche Agrarkulturen im Einklang mit Pflanzen und Böden sind heute noch auf der schwäbischen Alb, in Oberfranken und in Schleswig-Holstein zu sehen. Dort verordnete der kluge dänische König Christian VII. im Jahre 1770 die Anlage von Hecken. Weil man sie alle zehn Jahre knicken sollte, damit sie wieder nachwuchsen und auch noch Feuerholz lieferten, wurden sie „Knicks" genannt und heißen heute noch so.

Moderne Untersuchungen bestätigen die altbekannten, biologischen Eigenschaften der Hecken: Sie fangen den Tau ein und steigern so die Erträge der umliegenden Felder. Viele kleine Insekten leisten umsonst biologische Schädlingsbekämpfung für die Bauern. Viele Tiere können sich in den Schutz der Hecken zurückziehen.

Was Großmutter noch wusste...

Viele von uns haben noch gute Erinnerungen an besondere Düfte oder Erlebnisse auf der Zunge. Die Kartoffelsuppe von Tante Fiwi war unvergleichlich. Und Omis Marmelade wurde nie wieder erreicht. Was hatte die Kindheit, das wir nicht vergessen?

Oft war es Not, die erfinderisch machte. Und das alte Wissen, wie man Kräuter und Früchte verwerten konnte. Alles hausgemacht, war das Motto, Trocknen und Dörren die Methode. Und frisch verwenden, was die Natur gerade gibt: Der Sauerampfer wurde blattweise

Unser Brot wird aus Gräsern gebacken.
Die richtige Getreidemischung hält uns gesund.

gezupft und gab der Suppe die Würze, bleicher Löwenzahn dem Salat den erst richtigen Geschmack. Das Kneipp'sche Suppenpulver war getrockneter und gestoßener Wegerich, Essig wurde unvergleichlich durch einen Ansatz mit Himbeeren.

Im Herbst roch Großmutters Haus nach einer Mischung aus Sommer und Herbst, nach Feldrain und Wald. Auf dem Boden trockneten auf Zeitungspapier Kamillenblüten, Apfel- und Birnenscheiben, Schafgarbe oder Hagebutten für den Tee. Am liebsten war uns jedoch der große Bund Beifuß. Er roch so verwegen und schwebte an einer Schnur über allem. Wozu Großmutter ihn wohl brauchte?

Sorgfältig abgeteilt lag das Getreide auf leinernen Tüchern. Die Haufen waren ungleich groß. Klein der des Hafers, größer schon Dinkel und Gerste, am größten war der Weizenhaufen. Dazwischen lagen die weiß staubenden Säcke mit Mahlgut.

Die Zeit eilt schnell. Aber noch immer leben wir von Pflanzen. Hundert davon sollten wir wieder kennen lernen.

Wildblumen

Blumen bringen Farbe in unser Leben und begleiten uns durch das Jahr. Schon im Vorfrühling blühen Märzenbecher und Busch-Windröschen im Laubwald. Auf der Wiese beginnt der Frühling mit zartem Rosa und wechselt zu Gelb. Jede Pflanze steht für eine Farbe. Der Sommer ist aus kräftigen blauen und roten Tönen gemalt. Kornblumen und Mohn setzen ihre Tupfer in die Landschaft, bis die Bäume im Herbst die Farbregie übernehmen. Wildblumen begleiten uns auf Schritt und Tritt. Der unempfindliche Wegerich besiedelt ungepflasterte Wege, der Beifuß wächst an jedem Straßenrand. Für viele Menschen war er früher Schicksalspflanze, heute würzt er nur noch unseren Gänsebraten. Kaum eine Blume ist ohne gemeinsame Geschichte mit uns. Oft waren Wildblumen Arzneipflanzen, spendeten Vitamine, färbten Stoffe oder folgten einfach dem Menschen als Kulturbegleiter. Die Zahl der Arten, die mit uns ihren Lebensraum teilen, ist überschaubar. Jede Blume hat ihre kleinen Geheimnisse, die es zu entdecken lohnt. Manchmal verrät sie schon ihr Name.

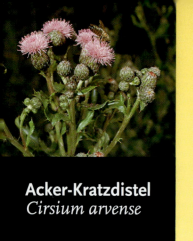

Acker-Kratzdistel
Cirsium arvense

- Korbblütler
- Juli bis August
- 60 – 120 cm

Merkmale

Mehrjährige Pflanze mit stark verzweigtem und reich beblättertem Stängel; Blätter eingebuchtet, am Rand meist gewellt und stachelig; Blütenköpfchen rosa bis violett, riechen süßlich moschusartig.

Von Schmetterlingen geliebt, von Bauern gefürchtet

Im Hochsommer besuchen ganze Schwärme von Schmetterlingen die Blüten der Acker-Kratzdistel zum Nektar saugen. Für Bauern ist die Acker-Kratzdistel ein Problemunkraut, weil selbst aus kleinsten Wurzelstückchen wieder eine neue Pflanze wächst.

Das Versuchsprogramm, Landwirten Ernteausfälle zu bezahlen, wenn sie sechs Jahre lang einen 6 m breiten Randstreifen ihrer Felder nicht spritzten, hat sich nicht bewährt. Die Ränder wurden zwar schnell bunt und viele Insekten wanderten ein. Doch nach sechs Jahren war es ungemein schwierig, die **Acker-Kratzdistel** wieder aus dem Feld zu bekommen. Die Unkrautbekämpfungsmittel mussten in großen Dosen angewandt werden. Warum kann die Landwirtschaft so schwer mit der Acker-Kratzdistel leben? Diese Pflanze kriecht mit ihren Wurzeln tief in den Boden und nimmt den Nutzpflanzen Nährstoffe und Wasser weg. Auf Intensivflächen werden die Erträge damit unwirtschaftlich. Die Acker-Kratzdistel ist dennoch eine wichtige Pflanze. Von ihr leben rund 100 Tierarten. Die am Haarschirm hängenden Samen segeln mit dem Wind über 10 km weit.

Das Gewürz zum Gänsebraten

Der Beifuß wächst überall an Wegrändern, auf Schuttplätzen und Müllhalden. Seine Blätter enthalten ein ätherisches Öl, welches die Fettverdauung unterstützt. Deshalb wird das Kraut in die Weihnachtsgans gesteckt. Und es würzt sie auch noch unvergleichlich.

Gewöhnlicher Beifuß
Artemisia vulgaris

- Korbblütler
- Juli bis September
- 50 – 150 cm

Merkmale
Reich verzweigte, unangenehm riechende Pflanze; Stängel kantig, oft rot überlaufen; Blätter unten weißfilzig; kleine eiförmige, bräunlich gelbe Blütenköpfchen.

Als der schwedische Botaniker Carl v. Linné dieser Pflanze den wissenschaftlichen Namen verlieh, wollte er wohl festhalten, dass sie bereits in der Antike den Frauen half. Die griechische Göttin Artemis war die Schutzgöttin der Reinheit und Jungfräulichkeit, deshalb der Name Artemisia. Auch der merkwürdige deutsche Name **Beifuß** weist in die gleiche Richtung: Im Mittelalter hieß diese Pflanze Biboz, ein Wort, das sich aus dem niederdeutschen Begriff Butz für Bett ableitet. Biboz ist ein bildhaftes Wort für Beischlaf. Alle Arten der Gattung *Artemisia* wurden in der Antike als Abtreibungsmittel benutzt. Noch im 19. Jahrhundert gab es viele Vergiftungen durch Wermutpflanzen. In nacheiszeitlichen Rentierlagern fand man Beifuß massenweise. Heute warnt man im Fernsehen Allergiker vor Beifußpollenflug.

Gänseblümchen
Bellis perennis

- Korbblütler
- Februar bis November
- 3 – 15 cm

Merkmale
Blütenstängel ohne Blätter; die Blätter liegen in einer Rosette angeordnet direkt am Boden; Blüte besteht aus weißen Zungenblüten und gelben Röhrenblüten.

Die Blume der Kinder

Kinder mögen das Gänseblümchen. Kleine Mädchen flechten die Blüten in ihre Zöpfe, winden sich daraus Kränze oder kochen damit Suppe für ihre Puppen. Oft versuchen sie später auch, mit den Blüten in die Zukunft zu schauen: „Er liebt mich, er liebt mich nicht."

Wenn man sich so richtig wohl fühlt, ist man in England „fresh as a daisy". Und „Day's eye" heißt „Auge des Tages". Das wurde zu „daisy" zusammengefasst. Diese hübsche Bezeichnung für das **Gänseblümchen** ist dort auch ein häufiger Mädchenname. Gänseblümchen sind tatsächlich wie Augen des Tages. Nachts halten sie ihr Blütenköpfe fest verschlossen, bei Sonne öffnen sie sich und wandern mit der Sonne mit. Im regnerischen Nordeuropa ist das Gänseblümchen sehr beliebt, weil es Farbtupfer in das Grün der Wiesen setzt. Auch der schwedische Botaniker Carl v. Linné taufte diese Blume romantisch *Bellis perennis,* „das ganze Jahr schön". In einigen Gegenden heißt sie auch Maßliebchen. Wahrscheinlich ein Wortbild aus keltischer Zeit, als Gänse auf dem Anger (Mas) am liebsten Gänseblümchen abweideten.

Das Unkraut mit dem Greisenhaupt

Wer seinen Garten einige Wochen vernachlässigt, bekommt eine weithin sichtbare Quittung. Beete, Wege und Rasen ziert eine graue Wolke kleiner Pusteblumen. Das Greiskraut hat ähnliche Fruchtstände wie der Löwenzahn, nur dichter und kleiner. Sie erinnern an Greisenhäupter.

Gewöhnliches Greiskraut
Senecio vulgaris

- Korbblütler
- März bis Oktober
- 10 – 35 cm

Merkmale
Unregelmäßig verzweigte, einjährige Pflanze; Blätter gefiedert, unten oft mit weißem Haarfilz; Blüte gelb, äußere Hüllblätter der Blüte an der Spitze schwarz; löwenzahnähnlicher Fruchtstand.

Dieses unausrottbare Kraut verfolgt den Menschen, seitdem er Siedlungen baut. Seine Fallschirmsamen verbreiten sich mit dem Wind überall hin. Das **Greiskraut** braucht nicht einmal Insekten, um bestäubt zu werden. Es bestäubt sich einfach selbst. Urlaubsreisenden in die Tropen begegnen die höchst erstaunlichen Greiskräuter in einer ganz anderen Form. Vertreter dieser vielgestaltigen Pflanzengattung wachsen dort als mannshohe Bäume mit Blättern wie Haarschöpfe. Die Riesenpflanzen besiedeln selbst Hochgebirge und können härteste Lebensbedingungen aushalten. Kein Wunder, dass das heimische Greiskraut so erfolgreich unsere Äcker und Gärten besiedelt. Der gelegentlich verwendete Name Kreuzkraut ist eine sprachliche Ableitung von Greiskraut. Das wiederum heißt eigentlich „graues Kraut" (gries = grau).

Große Klette
Arctium lappa

- Korbblütler
- Juli bis September
- 80 – 150 cm

Merkmale
Stängel rot überlaufen, mit Mark gefüllt; Blätter sehr groß, rund bis herzförmig, unten weiß behaart, Blattstiel markig; roter Blütenkorb, Einzelblüten von hakig gebogenen Hüllblättern umgeben.

Mit jedem reist sie mit
Die Fruchtköpfe der Kletten mit ihren gekrümmten Hüllblättern verhaken sich leicht im Fell von vorbeistreifenden Tieren oder in der Kleidung von Spaziergängern. Oft werden die Samen beim Losreißen meterweit weggeschleudert oder fortgetragen. Diese Methode hat sich bewährt.

Die **Große Klette** ist heute auf der ganzen Nordhalbkugel und in Afrika heimisch. In Belgien wird sie sogar als Folgefrucht nach der Kartoffel angebaut. Aber nicht wegen ihrer Klettenfrüchte, mit denen Kinder häufig als Wurfgeschosse spielen. Ihre Wurzeln enthalten rund 50 % Inulin, den typischen Speicherstoff der Korbblütler. Außerdem noch Stoffe, die Bakterien und Pilze abtöten. Damit half sie früher gegen entzündliche Furunkel. Heute wird jeder Teil der Pflanze in der Pharmazie verwendet. Von der Behandlung von Kopfschuppen mit Klettenwurzelöl über Blutreinigungstees bis hin zu blutdrucksenkenden Mitteln reicht die Anwendungsbreite.

Sammelt man die Stiele vor der Blüte, schmecken sie in Butter gedünstet wie Spargel. Die Pflege der Straßenränder vernichtet oft die schönen Pflanzen. In den Blättern fressen winzige Insekten helle Bahnen, die wie Straßen aussehen.

Geruchlos und wenig geschätzt

Die Bezeichnung „Acker-Hundskamille" verdeutlicht, dass diese Kamille als minderwertiges Wildkraut gilt. Sie wächst in Äckern mit kalkarmen Böden, duftet nicht und ist arzneilich bedeutungslos, denn sie enthält im Gegensatz zur Echten Kamille kaum ätherische Öle.

Acker-Hundskamille
Anthemis arvensis

- Korbblütler
- Juni bis September
- 10 – 50 cm

Merkmale
Einjährige Pflanze ohne den typischen Kamillenduft; Stängel reich verzweigt; Blütenköpfe aus weißen Zungenblüten und gelben Röhrenblüten.

Viele deutsche Pflanzennamen tragen Tierbezeichnungen vorneweg wie Hundspetersilie, Katzenminze, Rosskümmel oder Saubohne. Doch diese Pflanzen haben mit Tiereigenschaften nichts gemeinsam. Es ist vielmehr ein bildhafter Ausdruck der Häufigkeit oder auch der Verwertbarkeit als Nutz- und Heilpflanze. Die Vorsilbe „Hund" bezeichnet fast immer den minderwertigen Partner zweier ähnlicher Pflanzen. Ist die Kamille eine wertvolle Heilpflanze, so ist die **Acker-Hundskamille** eben medizinisch wertlos. Vielleicht kommt die Vorsilbe „Hund" auch noch von einer weiteren Eigenschaft dieser Pflanze: Sie folgte den Bauern wie ein Hund, weil sie mit Ackererde verbreitet wurde und jedes neu gepflügte Feld meist als erste Pflanze besiedelte.

Kornblume
Centaurea cyanus

▸ Korbblütler
▸ Juni bis August
▸ 30 – 60 cm

Merkmale
Pflanze der Getreidefelder mit leuchtend blauen Blüten und kantigem, weich behaartem Stängel; Blätter graugrün, lang und schmal, höchstens 5 mm breit; Früchte mit Haarkranz für die Windverbreitung.

Ohne Gift kehrt das Blau zurück

Kornblumen gehörten noch vor 30 Jahren zu jedem Getreidefeld. Durch die intensive Unkrautbekämpfung in der modernen Landwirtschaft wurden sie aber immer mehr zurückgedrängt. Erst nach einem Umdenken der Bauern sieht man die kornblumenblauen Blumen heute wieder öfter.

Das viel besungene Blau dieser Ackerwildpflanze machte die **Kornblume** bis 1932 zum Pflanzensymbol unserer Nation. Frankreich hat die Lilie, Griechenland den Lorbeer, England die Rose, Österreich das Edelweiß, die Schweiz die Alpenrose und Deutschland die Kornblume. Die kleinen Früchte der Kornblume tragen einen rötlichen Kranz feiner Haare, mit dem sie sich vom Wind verbreiten lassen. Gelangen sie auf Ackerböden, die nicht mit Wuchshemmern für Unkräuter besprüht sind, keimen sie wieder aus.

Bekannt wie ein bunter Hund

Über 500 Namen kennt der Volksmund für den Löwenzahn. So bekannt ist keine andere Pflanze. Die gebräuchlichsten sind Kuhblume, Butterblume, Milchblume oder Sonnenwirbel. Löwenzahn wächst massenhaft auf gut gedüngten Böden und bildet den Frühlingsaspekt der Fettwiesen.

Gewöhnlicher Löwenzahn
Taraxacum officinale

- Korbblütler
- April bis Juli
- 10 – 50 cm

Merkmale
Pflanze mit Milchsaft; Stängel hohl, ohne Blätter; Blätter in einer Rosette am Boden, tief eingeschnitten; gelber Blütenkopf aus ca. 200 Zungenblüten, wird nach dem Abblühen zur bekannten Pusteblume.

In Frankreich nennt man den **Löwenzahn** wenig charmant „Pissenlit", in Süddeutschland „Bettsaicher". Beide Namen kennzeichnen die heftige Wirkung des Löwenzahnsaftes auf die Nieren. Pfarrer Sebastian Kneipp schrieb: „…..für Leberleidende ist das sehr zu empfehlen." Alle Teile des Löwenzahn sind für Ernährungs- und Heilzwecke gut zu gebrauchen. Aus den Blüten kann Löwenzahnwein hergestellt werden: Eine Handvoll Blüten auf 1 l Riesling, zwei Pfefferminzblätter – eine Woche ziehen lassen. Dieser Wein regt die Nierentätigkeit stark an. Junge frische Blätter eignen sich zusammen mit anderen Kräutern wie Wegerich, Beinwell und Brennnessel als Frühlingssalat. Am dritten Tag im abnehmenden Mond sollte man Warzen mit Löwenzahnsaft bestreichen, rät ein altes Kräuterbuch.

Früh blühende Margerite
Leucanthemum vulgare

- Korbblütler
- Mai bis Juni
- 20 – 80 cm

Merkmale

Stängel wenig verzweigt, etwas behaart; Stängelblätter lang und schmal; Blüte aus 20–25 weißen Zungenblüten und 400–500 goldgelben Röhrenblüten, sieht aus wie ein großes Gänseblümchen.

Weiße Schönheit an neuen Wegen

Als Pionierpflanze kommt die Margerite mit allen Böden zurecht, vorausgesetzt sie sind nicht zu nass und haben wenigstens einige Nährstoffe. Deshalb tritt sie an neu angelegten Wegen und Böschungen als erste auf. Es gibt auch großblütige Zierpflanzen.

„Margeritaes" heißt im Altgriechischen „Perle" und bezeichnet treffend die Leuchtkraft der weißen Blüten an allen Wegen. Die **Früh blühende Margerite** gehört zum Blumentyp, der Körbchen bildet. Außen stehen rund zwanzig weiße Zungenblüten, die weiblich sind. Der wissenschaftliche Name *Leucanthemum* ist ebenfalls altgriechischen Ursprungs (leucos = weiß, anthemos = Blüte). Im Zentrum stehen 500 goldgelbe Röhrenblüten. Diese sind zwittrig und können sich sogar selbst bestäuben. Der ganze Blütenstand ist wie ein großes Reklameschild gestaltet. Die Botschaft lautet: Hier gibt es Pollen für Sechsbeiner. Bestäuber sind viele verschiedene Insekten. Die überzüchteten Gärtnermargeriten müssen mit vielen Spritzmitteln gezüchtet werden. Besser nicht kaufen, sondern die heimische Art in den Wildpflanzengarten säen. Man verwende als Boden eine Mischung aus viel Sand und wenig Gartenerde.

Riesenblätter am Bach

An Bachufern, in Auwäldern und auf Sumpfwiesen wächst die Pestwurz in großen Beständen. Ihre auffälligen Blütenstände bildet diese Pflanze bereits im Vorfrühling, ihre Blätter erst später. Ausgewachsen gehören diese Blätter zu den größten heimischer Wildpflanzen.

Gewöhnliche Pestwurz
Petasites hybridus

▸ Korbblütler
▸ Februar bis Mai
▸ 10 – 40 cm

Merkmale
Pflanze mit sehr großen Blättern (bis zu 1 m lang und über 60 cm breit), die erst nach der Blütezeit erscheinen; traubenförmiger Blütenstand aus roten Blüten.

Kinder, die im Mittelalter an Schorf litten, mussten einen Hut aus einem Pestwurzblatt tragen. Dieser Brauch muss schon älter sein, denn „Petasites" bedeutet im Altgriechischen „breitkrempiger Hut". Aus den Wurzeln kochte man einen Saft, der wegen seiner schweißtreibenden Wirkung gegen Pest und Pocken eingesetzt wurde. Hoch stehende Damen bekamen daraus ein Schönheitswasser gemacht. Erst im 20. Jahrhundert erkannte man die blutdruckregulierende Eigenschaft der **Pestwurz**. Heute gibt es daraus Beruhigungsmittel und krampflösende Medikamente. Die Almhirten haben für die großen Blätter noch eine sehr praktische Verwendung und nennen sie bayrisch deftig „Scheißbladl". In England heißt sie „butterbur", weil man in ihre großen Blätter frische Butter wickelt, um sie länger haltbar zu machen.

Rainfarn
Tanacetum vulgare

- Korbblütler
- Juli bis September
- 40 – 120 cm

Merkmale
Wintergrüne Pflanze mit holzigem Stängel; Blätter wechselständig, fein zerteilt, sehen aus wie Farnblätter (Name); Blütenstand aus gelben, knopfartigen Blütenkörbchen, die unangenehm riechen.

Das Gelb im Trockenstrauß

Wegen seines intensiven kampferartigen Geruchs wird der Rainfarn heute noch in der Landwirtschaft zur Schädlingsbekämpfung eingesetzt. Rainfarn in Hundehütten und Ställe gestreut hält Würmer fern, ein Aufguss der Blätter ist gegen Blattläuse und Milben wirksam.

Obwohl diese Pflanze ganz anders aussieht als ein Farn, bekam sie dennoch diesen Namen, weil man sie früher für Rinder (= Farren) verwendete. Sie galt als Mittel gegen Würmer. In einem Kräuterbuch von 1896 empfahl man, **Rainfarn** in die Hundehütte zu legen, weil er Flöhe vertreibt. Mit dieser Pflanze, die auch beim Trocknen ihre goldgelben Blütenfarben behält, kann man Wolle färben und als Trockenstrauß aufgehängt Mücken und Motten aus den Wohnungen vertreiben. Heute weiß man, dass ihr ätherisches Öl Thujon auch schon in kleinen Dosen giftig ist und rät von der Verwendung dieser Pflanze in der Hausmedizin ab. Der botanische Name *Tanacetum* bedeutet so viel wie „unsterblich", so groß war das Vertrauen unserer Vorfahren in den Rainfarn. Er durfte in keinem Weihbüschel fehlen.

Die Blume mit dem sagenhaften Namen

Viele lateinische Pflanzennamen gehen auf Sagengestalten zurück, auch der Gattungsname *Centaurea* für die Flockenblumen. Nach einer Sage aus der griechischen Mythologie soll eine Flockenblume die Wunde des Kentauren Chiron – halb Pferd, halb Mensch – geheilt haben.

Wiesen-Flockenblume
Centaurea jacea

▸ Korbblütler
▸ Juni bis September
▸ 10 – 90 cm

Merkmale
Blätter im oberen Stängelbereich lang, schmal und ungeteilt, im unteren Bereich gespalten; rotviolette Blütenköpfe mit deutlich vergrößerten Randblüten.

Wo die Blütenköpfe der **Wiesen-Flockenblume** mit den schönen rotvioletten Blüten Wiesen schmücken, sind Bauern nicht gerade erfreut. Diese schlechte Futterpflanze verdirbt den Weidetieren den Appetit. Als Gegenmaßnahme werden solche Wiesen gedüngt und damit die Flockenblumen verdrängt. Diese Blumen sind sehr genügsam und blühen an Wegrändern manchmal auf blankem Sand. Ihre Blütenköpfe enthalten einen Bitterstoff, der im Mittelalter gegen die Pest verwendet wurde. Trotz dieses chemischen Schutzes leben im Blütenkopf eine Reihe verschiedener Insekten, die sich diesen kleinen Lebensraum untereinander genau aufgeteilt haben.

Wer im September spazieren geht, trägt unfreiwillig zur Verbreitung der Flockenblumen bei. Wenn ein Hosenbein die Pflanze streift, wirft sie ihre Samen aus dem Blütenkörbchen.

Busch-Windröschen
Anemone nemorosa

- Hahnenfußgewächse
- März bis April
- 15 – 25 cm

Merkmale
Pro Stängel eine einzige weiße, endständige Blüte mit sechs bis acht Blütenblättern; im oberen Stängelbereich drei handförmig geteilte Hochblätter, am Boden ein einzelnes, ebenfalls geteiltes Blatt.

Frühlingsgrüße aus dem Laubwald

Auf Wiesen und Feldern liegt im März noch das Grau des Winters. Aber im Laubwald ist schon Frühling. Hier breitet das Busch-Windröschen seinen Blütenteppich aus. Als Frühblüher nutzt es die lichtreichste Zeit im Wald, denn jetzt sind Eichen und Buchen noch kahl.

Die ersten Botaniker waren meist sehr gute Beobachter. Sie sahen genau hin, wenn sie einer Pflanze zum ersten Mal ihren wissenschaftlichen Namen gaben. Die Frühlingsblumen blühten über Nacht auf. Wenn der milde Frühlingswind den Schnee taute und den Waldboden frei legte, kam die Zeit der „Windblumen", der Anemonen (anemos = Wind). Und wenn ein Windröschen so eng an den Laubwald und die Buschhecke gebunden ist, wurde es zum **Busch-Windröschen**. Im Althochdeutschen wurden Verkleinerungsformen für Pflanzen und Tiere gerne verwendet, wenn sie besonders geschätzt wurden. Röschen und Röslein sind solche Wortschöpfungen.
Die mittelalterlichen Jäger knieten wohl oft vor dem Busch-Windröschen. Ihr Pflanzensaft ergab ein häufig verwendetes Pfeilgift. Die nussartigen kleinen Samen dieser zarten Pflanze werden von Ameisen verbreitet.

Blau am Tag – bei Nacht geschlossen

Die Blüten des Leberblümchens schließen sich abends und gehen in eine Schlafstellung über. Am Morgen, wenn die Sonne scheint, richten sie sich wieder auf und öffnen sich. Die geheimnisvollen Bewegungen der Blütenblätter geschehen durch Wachstum mancher Zellen. Wärme steuert das Phänomen.

Gewöhnliches Leberblümchen
Hepatica nobilis

▸ Hahnenfußgewächse
▸ März bis Mai
▸ 5 – 15 cm

Merkmale
Stängel behaart; Blätter dreilappig, oben glänzend dunkelgrün, unten violett, entfalten sich erst nach der Blüte, überdauern den Winter; Blüten tiefblau, stehen einzeln am Ende der Stängel.

„Das Ähnliche für das Ähnliche" war die Grundregel alter Kräuterkundiger. Man glaubte, wenn eine Pflanze einem Organ ähnelt, hilft es, dessen Beschwerden zu lindern. Die Blätter des Leberblümchens erinnern in Form und Farbe an die menschliche Leber, schon war die Blume ein Hausmittel. Ihre schweißtreibende Wirkung half zwar nicht bei Leberleiden, wohl aber bei jeder Form von Infekt. Viele Sagen ranken sich um diese Frühlingsblume. In Ovids Metamorphosen wird erzählt, das **Leberblümchen** wachse aus den Bluttropfen von Adonis, der von einem wilden Eber getötet wurde. Diese Blume ist heute streng geschützt. Zu oft wurde sie als Zierpflanze für den Garten ausgegraben. Meist ging sie bald darauf ein.

Gewöhnliches Scharbockskraut
Ranunculus ficaria

▶ Hahnenfußgewächse
▶ März bis Mai
▶ 5 – 15 cm

Merkmale
Frühblüher, der im März ausgedehnte Blütenteppiche bildet; Blätter glänzend, herzförmig, gestielt; Brutknöllchen in den Achseln der Blattstiele; goldgelbe Blüten aus acht bis zwölf Blütenblättern.

Das erste Gelb in der Hecke

Lange bevor der Winter vorüber ist, erwacht im feuchten Buchenwald und entlang von Hecken ein leuchtend gelber Blütenteppich. Sobald Regenwolken die Sonne verdunkeln, schließen sich die Blüten und blühen schon beim kleinsten Sonnenstrahl wieder auf.

Der merkwürdige Name **Scharbockskraut** stammt aus der Zeit, als bei uns im Winter ein allgemeiner Vitamin-C-Mangel herrschte, weil es noch keine Zitrusfrüchte zu kaufen gab. Der Skorbut hieß damals Scharbock. Man wusste sich nicht anders zu helfen, als die ersten Blätter des Scharbockskrautes zur Vitaminversorgung zu essen. Leider nicht ganz ohne Risiko, größere Mengen können zu Vergiftungen führen. In einer Sage vom Getreideregen soll einmal in Notzeiten Brot vom Himmel gefallen sein. Heute wissen wir, dass das Scharbockskraut getreidekorngroße Knöllchen in den Blattachseln hervorbringt, die massenhaft zu Boden fallen und neue Pflanzen bilden. In Notzeiten mahlte man diese stärkereichen Körner und buk daraus Brot oder legte sie als Nahrungsvorrat in Salz und Essig ein. Der Glanz der Blüten täuscht oft den Belichtungsmesser moderner Kameras. Abhilfe: eine Blende weiter öffen als angezeigt.

Blätter wie Hahnenfüße

Die handförmig geteilten Blätter des Scharfen Hahnenfußes erinnern an die gespreizten Zehen eines Hahnes. Sie gaben der Blume den Gattungsnamen. Der Artname *acris* (= scharf) bezieht sich auf den Pflanzensaft, der scharf schmeckt und heftige Hautreizungen verursacht.

Scharfer Hahnenfuß
Ranunculus acris

▸ Hahnenfußgewächse
▸ Mai bis Juli
▸ 30 – 100 cm

Merkmale

Mehrjährige Pflanze fetter Wiesen und eine der häufigsten heimischen Wildpflanzen; runder Blütenstiel; Blätter handförmig, in drei bis fünf Teile tief eingeschnitten; goldgelbe Blüte mit fünf glänzenden Blütenblättern.

Wenn im Mai die Wiesen gelb von Hahnenfuß stehen, dürfen die Kühe nicht weiden. Der **Scharfe Hahnenfuß** enthält zahlreiche Giftstoffe, die im frischen Zustand dem Vieh schaden. Das Heu dagegen kann gefüttert werden, weil sich die Giftstoffe beim Trocknen zersetzen. Früher gehörte er zu den klassischen Giftpflanzen, mit dem so manche Morde begangen wurden. Allerdings hat er auch etwas Gutes: Wo er in Massen steht, sind die Böden nährstoffreich und versprechen gute Erträge. Außerdem zeigt er viel Wasser im Boden an. Solche Felder trocknen in heißen Sommern nicht aus.

Hohe Schlüsselblume
Primula elatior

- Primelgewächse
- März bis Mai
- 10 – 30 cm

Merkmale
Geschützter Frühblüher; Blätter runzelig, in einer Rosette am Boden; Blütenstängel blattlos; Blüten hellgelb, duftlos, Saum der Blütenkrone flach ausgebreitet.

Der Schlüssel zum Himmel

Wie auf dem Schlüsselbund von Petrus aufgereiht, so stehen die schmalen langen Blüten nebeneinander. Und weil sie im Frühling mit zu den allerersten Blumen gehören, nannte man sie auch wissenschaftlich Primula, die Erste.

Der Schlüssel zum Himmel war im Volksmund die Schönheit. Kräuterkundige waren überzeugt, dass der Gebrauch dieser Pflanze schön mache. Ihr Saft entferne Falten und Sommersprossen. Noch immer gibt es in manchen Gegenden Himmelschlüsselwein, der gegen Schlaflosigkeit helfen soll. Vielleicht liegt das Geheimnis der Schönheit doch eher in ausreichend viel Schlaf. Nach dem 1. Weltkrieg kam die **Hohe Schlüsselblume** als Hustenmittel in Gebrauch und ist es noch heute in Teemischungen. Die Blüten zeigen zwei merkwürdige Formen. Bei den einen ist der Griffel lang und die Staubbeutel sitzen tief im Kelch. Bei den anderen ist es genau umgekehrt. Dies deutet man heute als Sicherheitsmaßnahme: Insekten sollen auch garantiert beide Formen immer wieder aufsuchen, da sie sich nur gegenseitig befruchten können. Im Altertum stand die Blume in hohem Ansehen.

Das etwas andere Schneeglöckchen

Schneeglöckchen und Märzenbecher sind die beliebtesten Frühjahrsblüher in den Gärten. Auf den ersten Blick sind sie sehr ähnlich. Doch das Schneeglöckchen hat ein zweiteiliges Weißröckchen aus kurzen und langen Kronblättern. Beim Märzenbecher sind alle gleich lang.

Märzenbecher
Leucojum vernum

▸ Narzissengewächse
▸ Februar bis April
▸ 5 – 25 cm

Merkmale
Geschützte Pflanze feuchter Wälder; Blätter lang, schmal, etwas fleischig; Blüten hängende Glocken aus sechs gleich langen Blütenblättern, alle mit gelbgrüner Spitze.

Beim ersten wärmenden Sonnenstrahl durchstoßen die grünen Triebe von **Märzenbecher** und Schneeglöckchen den Boden. Schon einen Tag später blühen sie. Diese Frühlingsblumen haben Blätter und Blüten im Herbst bereits vorgebildet. Die Übersetzung des wissenschaftlichen Namens Leucojum bedeutet weißes Veilchen, weil der Duft des lampenschirmähnlichen Blütenglöckchens an Veilchen erinnert. Stehen die beiden Frühlingsboten im Garten meist nebeneinander, leben sie in der Natur oft weit voneinander getrennt. Das Schneeglöckchen mag trockene Waldböden, der Märzenbecher dagegen den nassen Untergrund von Erlenbüschen und Auwäldern. Diese typische mitteleuropäische Pflanze wurde als beliebter Frühlingsbote mit ihren Zwiebeln auch in Irland und Großbritannien überall eingebürgert.

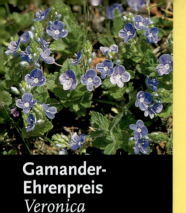

Gamander-Ehrenpreis
Veronica chamaedrys

- Braunwurzgewächse
- April bis Juli
- 15 – 30 cm

Merkmale
Stängel kantig, mit zwei Haarleisten; Blätter gegenständig, eiförmig, im unteren Stängelbereich kurz gestielt, oben sitzend; Blüten himmelblau, mit dunkelblauen Adern; kleine herzförmige Kapselfrucht.

Vergängliches Blau
Den Frühsommer begleitet ein kräftiges Blau auf zarten Blüten. Unübersehbar wächst dieses Kraut am Waldrand und vor der Hecke. Doch lange währt die Schönheit nicht, die blauen Blütenkronen fallen oft schon am Tag nach dem Aufblühen ab. Heißt sie deshalb auch Männertreu?

„Von nun an soll sein Name Ehrenpreis sein, denn es ist aller Ehren Preis." Das sagte einst ein französischer König, der an einer schlimmen Hautkrankheit litt. Ein Schafhirte brachte ihm ein Kräutlein namens Grindheil, das die Schafe von sich aus fressen, wenn sie an Milchschorf leiden. Der König wurde gesund. Ihm half der **Gamander-Ehrenpreis**. Die Pflanze der Säume und Wegränder hat einen besonderen Trick entwickelt, um sich zu verbreiten: Die herzförmigen Früchte liegen in einer Schüssel. Fallen Regentropfen auf den Schüsselrand, fliegen die Samen weit hinaus und schwimmen mit einem Rinnsal in die Umgebung. Auch der Wind und Ameisen helfen bei der Verbreitung. Die zarten Streifen auf den Blüten sind Wegweiser für Bienen. So finden sie schneller den Nektar. Eine erstaunliche Entwicklung der Natur. Bienen sehen den Ehrenpreis anders als wir. Wahrscheinlich leuchten die Blüten für sie purpurfarben.

Der Schrecken der Gärtner

Wie viel Mühe man sich im Garten auch gibt, der Giersch bleibt da. Dieses Kraut mit den wuchsfreudigen unterirdischen Ausläufern treibt schnell wieder aus. Da hilft nur eines. Man erklärt den Giersch zu seiner Lieblingspflanze.

Gewöhnlicher Giersch
Aegopodium podagraria

▸ Doldenblütler
▸ Juni bis Juli
▸ 30 – 90 cm

Merkmale
Stängel aufrecht, oben verzweigt, hohl, gefurcht; Blätter blaugrün, meist dreizählig, einzelne Teilblättchen eiförmig-spitz; Blüten weiß, in flachen Dolden; Frucht 3 mm lang, kümmelähnlich.

Eine Gierschsuppe schmeckt wirklich gut und bringt Abwechslung in die Küche: Aus Butter, Milch, Mehl und Fleischbrühe bereite man sich eine dickflüssige Einbrenne und würze mit Pfeffer und Salz. Der Clou ist eine große Handvoll gehackter Gierschblätter, die kurz mitziehen. Die Suppe mit dem Pürierstab aufschäumen. Früher trieben die Hirten ihre Tiere an den Waldrand zum Giersch, weil diese Pflanze viele gute Eigenschaften hat. Zerquetschte Blätter helfen bei Insektenstichen und lindern den Juckreiz. Weil man den Blätterbrei bei Gicht auch um die große Zehe band, bekam der **Giersch** den wissenschaftlichen Artnamen *podagraria* (Fußgicht = Podagra).

Wiesen-Kerbel
Anthriscus sylvestris

- Doldenblütler
- Mai bis Juni
- 60 – 150 cm

Merkmale

Im Juni auffälliger Massenblüher mit hohlem, kantigem, gefurchtem Stängel; Blätter glänzend dunkelgrün, in viele gezähnte Abschnitte geteilt; Blütendolde aus vielen kleinen, weißen Einzelblüten.

Macht im Juni Straßenränder weiß

Wo der Wiesen-Kerbel wächst, ist der Boden immer nährstoffreich. Zur Hauptblütezeit im Juni taucht diese Pflanze mit den großen Blütendolden Straßenränder, Ackerraine und Fettwiesen in ein weißes Blütenmeer. Auch als Unterwuchs in Obstgärten tritt sie häufig auf.

Als Kinder haben wir aus den hohlen Stängeln des Wiesen-Kerbels Blasrohre gemacht und damit Erbsen verschossen. Doch manchmal gab es brennende Lippen. Dann nämlich, wenn wir den **Wiesen-Kerbel** mit dem leicht giftigen Gold-Kälberkropf verwechselt haben. Überhaupt ist beim Umgang mit den weißen Doldenblütlern Vorsicht geboten. Eine unserer gefährlichsten Giftpflanzen wie der Gefleckte Schierling gehört auch dazu. Verwendet man gerne frischen Kerbel als unvergleichliches Gewürz in Gemüsesuppen und Quark, sollte man unbedingt den Garten-Kerbel (*Anthriscus cerefolium*) anpflanzen. Er riecht unverwechselbar nach frischem Fenchel. So lässt sich eine Verwechslung mit den giftigen Verwandten vermeiden. Die Doldenblütler am Straßenrand stellen für viele Käfer und Fliegen Nektarstraßen dar.

Das Kräutchen unter dem Zaun

Rings ums Haus, in der Hecke oder unter dem Gartenzaun wächst die kleine unauffällige Pflanze mit den blauen Lippenblüten. Jahrhundertelang war sie Heilkraut, Gewürz und sagenumwobene Pflanze. Kräuterkundige entdecken sie gerade wieder.

Gewöhnlicher Gundermann
Glechoma hederacea

- Lippenblütler
- März bis Mai
- 10 – 20 cm

Merkmale
Stängel kantig, kriechend, nur blühende Triebe sind aufgerichtet; Blätter gestielt, gegenständig, herzförmig; Blüten blau- oder rotviolett, zu je zwei bis drei in den Achseln der oberen Blätter.

Wenn man den **Gundermann** zwischen den Fingern reibt, riecht man sofort das starke Aroma der ätherischen Öle. Da diese sich nur mit anderen Ölen aufschließen lassen, ist Gundermann das beste Gewürz am Schweinebraten, verfeinert Ziegenmilch und gibt Kartoffelsuppe erst den Kick. Bei den Engländern war Gundermannbier so beliebt, dass sie ihre Kneipen „Gill-Houses" nannten, also Gundermannhäuser. Gundermann war damals der Hopfen des Gartens. In einem medizinischem Handbuch von 1724 heißt es, die Engländer seien wegen dieses Bieres die langlebigsten Menschen der Erde. Ein paar Blätter, mit Bier gekocht, wirken Wunder bei Kopfschmerzen, Husten und Gelbsucht.

Weiße Taubnessel
Lamium album

- Lippenblütler
- März bis April
- 15 – 50 cm

Merkmale
Brennnesselartige Pflanze ohne Brennhaare; Stängel vierkantig; Blätter kreuzweise gegenständig angeordnet, ähneln denen der Brennnessel; Blüten weiß, stehen in Quirlen zu fünf bis acht in den Blattachseln.

Eine Nessel, die nicht brennt

Die Blätter zeigen eine große Ähnlichkeit mit denen der Brennnessel. Doch die weißen Blüten verraten, dass diese Nessel harmlos ist. Sie gehört auch zu einer anderen Pflanzenfamilie, zu den Lippenblütlern. Ihre Unterlippen sind der Landeplatz der Bienen.

Wahrscheinlich stammt diese Pflanze aus Sibirien und hat sich im milden Klima bei uns breit gemacht. In Norddeutschland blüht sie sogar noch im November in Hecken und am Straßenrand. Die **Weiße Taubnessel** war schon immer beliebt. Plinius glaubte, ihr Geruch halte Schlangen fern. Beim Trocknen allerdings verschwindet der strenge Geruch und wird angenehm süßlich. Zusammen mit Zucker machte man daraus Pudding und im 16. Jahrhundert waren die Blüten im Schnaps ein beliebtes Mittel: Es erfrischt den Lebensgeist, macht das Herz fröhlich und gibt dem Gesicht frische Farben. Wir Kinder haben die Blüten gezupft und das dünne Ende ausgelutscht. Dieses schmeckte unvergleichlich süß und gab uns eine Ahnung, wonach die Bienen suchen. Imker nennen die Taubnessel auch Bienensaug. Sie eignet sich als Langblüher für Wildblumengärten

Ein Herz für Hirten

Die herzförmigen Früchte des Hirtentäschels erinnern an die ledernen Taschen, die Hirten früher mit aufs Feld nahmen. Auch das lateinische „bursa-pastoris" heißt übersetzt Hirtentäschel. Die Samen waren der Pfeffer der armen Leute.

Gewöhnliches Hirtentäschel
Capsella bursa-pastoris

▸ **Kreuzblütler**
▸ **Februar bis Oktober**
▸ **10 – 40 cm**

Merkmale
Blüten klein, weiß; wenige ungeteilte Stängelblätter und eine Rosette aus Blättern an der Stängelbasis; dreieckig-herzförmige Frucht, sitzt mit der Herzspitze am Stiel.

In einem Buch von 1896 heißt es: „Denkt man sich die Pflanzenwelt als einen Staat mit Rangordnungen und Ständen, so gehört das Hirtentäschelkraut in die verachtete Klasse der Bettler. Je mehr es getreten wird, desto zäher klammert es sich an den Boden." Tatsächlich hat diese Pflanze der Wege und Ackerränder einen Siegeszug hinter sich. Sie ist heute weltweit verbreitet. Die Pilgrim Fathers nahmen sie 1620 sogar von England aus mit nach Amerika, weil sie innere Blutungen stillte und manchmal das einzige Mittel in der Hand der Hebamme war. In der Natur bringen die Samen des **Hirtentäschel**s viele Vögel über den Winter. Sie werden auch in kommerziellen Vogelfuttermischungen verwendet. Die grüne Pflanze ist draußen von Januar bis Dezember zu finden.

Frühlingswiesen: erst rosa, dann gelb

Die erste Farbe nach dem Ergrünen der Wiesen bringt das Wiesen-Schaumkraut. Seine Blüten legen einen zartlila Schleier über Wiesen und Weiden. Erst viel später löst dann der Löwenzahn die Farbe Lila mit kräftigem Gelb ab.

Wiesen-Schaumkraut
Cardamine pratensis

- Kreuzblütler
- April bis Juni
- 20 – 55 cm

Merkmale

Gefiederte Blätter, im unteren Stängelbereich runde Teilblättchen, oben schmale; Blüten rosa, Blütenblätter stehen sich zu zwei gegenüber, erinnern an ein Kreuz.

„Sie nimmt sich gar lieblich zart aus inmitten unserer Wiesen im Frühling. Ihr Name kommt daher, dass man oft an Stängeln und Blättern Schaum der Schaumzikade findet." So beschrieb man vor 150 Jahren diese Pflanze und lobte ihre Blätter als vitaminreiche Zugabe zum Frühlingssalat. Die häufigen Schaumtropfen erzeugt eine kleine Insektenlarve, die an der Pflanze saugt und sich in dem Schaumbad aus Eiweiß vor Feinden schützt. Wer sich diese schöne Frühlingspflanze auf seine Naturwiese holen möchte, kann das **Wiesen-Schaumkraut** selbst vermehren. Legt man einige Pflanzen von der Wiese zwischen feuchtes Moos, bilden sie von selbst kleine Ableger, die man in feuchten Boden pflanzen kann. Die zarten Blüten locken später Falter und Schwebfliegen an. Im Frühling möchte man das zarte Rosa der Wiesen nicht missen.

Sie blüht, wenn der Kuckuck ruft

Warum diese Pflanze die Blume des Vogels ist (flos = Blume, cuculus = Kuckuck), kann man nur vermuten. Wahrscheinlich liegt es daran, dass die Kuckucks-Lichtnelke blüht, wenn der Kuckuck aus dem Winterquartier heimkehrt und lautstark seine Rückkehr verkündet.

Kuckucks-Lichtnelke
Lychnis flos-cuculi

- Nelkengewächse
- Mai bis Juni
- 30 – 70 cm

Merkmale
Pflanze der feuchten Wiesen; filigrane rosarote Blüten mit fünf Blütenblättern, die in vier schmale Zipfel gespalten sind; Stängelblätter gegenständig, lang und schmal.

Wie eine bizarr gestaltete Lampe leuchten die rötlichen Blüten der **Kuckucks-Lichtnelke** im Mai zwischen dem Gras feuchter Wiesen hervor. Das beschreibt auch der altgriechische Name „lychnis", der so viel wie „Leuchte" bedeutet. Die Blume wächst vor allem auf Sumpfwiesen und hat sich ganz Europa erobert. Sie wurde auch nach Nordamerika eingeschleppt und ist dort verwildert. Die attraktive Pflanze ist auf Viehweiden nicht besonders beliebt, aber nasse Sauerwiesen ergeben ohnehin schlechtes Heu. So werden heute viele Standorte dieser wild wachsenden Nelke geschützt, da dort oft auch Orchideen wachsen. Gelegentlich findet man auch weiße Blüten. Von diesen stammen einige Kulturformen ab, die es als Topfpflanzen im Handel gibt. In Österreich und in der Schweiz heißt sie „Guggerblume" oder „Guggernägeli".

Rot wie Mohn

Nolde malte diese Pflanze unvergleichlich und viele Stillleben der Romantik fingen mit Farbe und Pinsel das leuchtende Scharlachrot des Klatschmohns ein. Sie ist die bekannteste Blume und gehört zum Sommer eines Getreidefeldes wie der Wind.

Klatsch-Mohn
Papaver rhoeas

- Mohngewächse
- Mai bis Juli
- 30 – 80 cm

Merkmale
Pflanze mit weißem Milchsaft; Blätter tief gespalten; feuerrote Blüte mit schwarzen Flecken in der Mitte, zarte Blütenblätter, fallen schnell ab; eiförmige Fruchtkapsel.

Bei den Kelten war es Sitte, Klatschmohnsaft in den Brei zu mischen, um schreiende Babys zum Einschlafen zu bringen. Das verrät uns auch der wissenschaftliche Name *Papaver*, der sich von dem keltischen Wort „Pap" für Brei ableitet. Doch sicher begleitet der **Klatsch-Mohn** uns schon länger. Bereits in Ausgrabungen der Steinzeit wurde er gefunden. In der Antike stand der Mohn in allen Getreidefeldern. Die römische Göttin des Ackerbaus Ceres trug in Abbildungen einen Kranz aus Klatschmohnblüten. Lange war dieser Kulturbegleiter von unseren Feldern verschwunden. Die Saatgutreinigung des Getreides und die chemische Unkrautbekämpfung ließen ihn selten werden. Seit einigen Jahren leuchten die Feldränder wieder rot und locken viele Insekten an. Eine Mohnblüte bietet ihnen über zwei Millionen Pollenkörner.

Großer Sauerampfer
Rumex acetosa

- Knöterichgewächse
- Mai bis Juli
- 30 – 100 cm

Merkmale
Blätter schmecken sauer, sind dick und derb, lang gestreckt und eiförmig, die oberen sitzen dicht am Stängel, die unteren sind lang gestielt; Blüten rötlich, bilden einen rispenartigen Blütenstand.

Saure Wiesen kann man schmecken

Den Geschmack von Sauerampfer kennt jeder. Wegen des hohen Gehaltes an Vitamin C sind die Blätter ein beliebtes Wildgemüse. Aber Vorsicht: Die Pflanze enthält viel Oxalsäure und Kleesalz und wirkt dadurch schwach giftig. Die Oxalsäure beseitigt auch Tinten- und Rostflecke.

Den unvergleichlichen Geschmack des Sauerampfers ließ Kochkünstler Paul Bocuse nicht ungenutzt. Seine Soupe à l'oseille ist weltberühmt. Man dünste zwei Hände voll Sauerampferblätter in Butter nur wenige Minuten an und gieße mit klarer Fleischbrühe auf. Eine Stunde leise köcheln lassen. Rohe Kartoffeln in Streifen die letzten 20 min mitkochen lassen. Mit dem Pürierstab aufschäumen. Mit gebutterten und gerösteten Weißbrotscheiben servieren. Am besten schmecken die Blätter, wenn sie saftig grün und noch nicht rot angelaufen sind. Das Oxalat zerfällt beim Kochen. Auf der Wiese setzt der **Große Sauerampfer** auf viele Partner. Pro Blüte verschickt er 300 Millionen Pollen mit dem Wind. Seine kleinen Früchte schwimmen mit dem Regen davon, haften im Fell von Tieren oder segeln bei starkem Wind. Im Garten lässt sich die Pflanze leicht über Wurzelteile vermehren.

Vor der Bowle welken lassen

Ohne Waldmeister gäbe es keine Maibowle. Er enthält reichlich Cumarin, das mit seinem Aroma Speisen und Getränken einen typischen Duft verleiht, aber erst nach dem Welken frei wird. Am kräftigsten ist dieses Aroma, wenn die Pflanze kurz vor der Blüte gepflückt wird.

Waldmeister
Galium odoratum

- Rötegewächse
- April bis Mai
- 5 – 25 cm

Merkmale
Cumarinhaltige Gewürzpflanze, die beim Welken intensiv süßlich duftet; vierkantiger Stängel; Blätter sitzen in Quirlen zu sechs bis acht stockwerkartig übereinander; Blüten klein, weiß, trichterähnlich.

Wo die Buche wächst, steht auch der **Waldmeister**. Sein angenehmer Geruch verrät ihn schon von weitem. Deshalb legte man Sträuße auch in den Kleiderschrank, um Motten zu verjagen. Medizinisch verwendete man ihn lange zur Stärkung der Leber, bei Gelbsucht oder Gallensteinen. Das beste Bowlenrezept ist schon über 100 Jahre alt: Neben drei Flaschen trockenem Rheinwein, 200 g Zucker und welkem Waldmeister gebe man noch eine Hand voll Walderdbeerblätter und jeweils eine halbe Hand voll Blätter von Gundermann und schwarzen Johannisbeeren dazu. Alle Blätter nur eine halbe Stunde ziehen lassen.

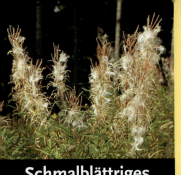

Schmalblättriges Weidenröschen
Epilobium angustifolium

- Nachtkerzengewächse
- Juni bis August
- 50 – 150 cm

Merkmale
Blätter wechselständig, 5–15 cm lang und schmal, erinnern an Weidenblätter (Name); weinrote Blüten in aufrechten kerzenartigen Blütenständen; Samen mit Haarschopf.

Rotes Feuer auf der Waldlichtung

Auf Waldlichtungen, Kahlschlägen und Brandflächen gehört das Weidenröschen zu den ersten Pflanzen, die wieder Fuß fassen. Oft wird es dort sogar zur vorherrschenden Art. Leichte Samen, die der Wind überall hinträgt und die lange keimfähig bleiben, machen das möglich.

Das **Schmalblättrige Weidenröschen** war schon immer eine Pflanze der Notzeiten. Während des 2. Weltkrieges war es die erste Pflanze, die auf den trostlosen Schutthalden der zerstörten Städte wuchs. Wie ein pflanzliches Feuer wirkten die purpurroten Blüten des „Feuerkrautes". Diese Pflanze half vielen Menschen weiter. Die jungen Blätter ergaben ein schmackhaftes Gemüse, die älteren Tee und mit der reichlich anfallenden Samenwolle polsterte man Kissen und Matratzen. Das Weidenröschen war so etwas wie eine Hoffnung. Es war auch nicht auszurotten. Aus seinen unterirdisch kriechenden Wurzelsprossen trieben immer neue Pflanzen. Große Samenmengen und ausdauernde Wurzeln sind das Erfolgsrezept dieser schönen Pflanze. Und weil ihre Blüten von unten nach oben aufblühen, ist sie eine lang blühende Bienenweide.

Alte Jungfern auf den Wiesen

Bienen holen sich aus den Blüten des Weiß-Klees Nektar und bestäuben sie dabei. Bestäubte Blüten kann man leicht erkennen: Sie krümmen sich nach unten. Gelegentlich bleiben auch Blüten unbestäubt und aufrecht stehen. Diese werden von den Bauern „alte Jungfern" genannt.

Weiß-Klee
Trifolium repens

- Schmetterlingsblütler
- Mai bis August
- 20 – 40 cm

Merkmale
Blätter an langen Stielen, dreiteilig, oft mit einer hellen bandartigen Zeichnung; kugelige weiße Blütenköpfchen, duftend, stehen auf langen blattlosen Stielen.

Wir treten ihn ständig mit Füßen, aber dem **Weiß-Klee** macht das nichts aus. Seine kriechenden Stängel wachsen dicht über dem Boden, verzweigen sich, wurzeln wieder und bilden bald einen dichten Teppich. Gartenrasen, Stadtparks, Fußballfelder, Viehweiden und Äcker begrünt diese winterfeste Trittpflanze. Und sie ist auch noch äußerst wertvoll. Sie verbessert den Boden und bietet mit ihrem Blütenreichtum von Frühling bis Herbst vielen Insekten den Treibstoff zum Fliegen. Je häufiger man den Weiß-Klee abmäht, um so dichter wächst der Rasen nach. Wahrscheinlich gäbe es in vielen Gemeinden sonntags kaum ein Fußballspiel, wenn nicht der Rasen aus Weiß-Klee so viel Tritte vertragen würde. Kein Gras der Welt kann damit konkurrieren. Das weißliche Band in jedem Blatt erinnert an ein Hufeisen.

Wiesen-Glockenblume
Campanula patula

- Glockenblumengewächse
- Mai bis Juli
- 20 – 60 cm

Merkmale
Stängelblätter lang gestreckt und schmal; bis zu drei bis elf Blüten, blauviolett, glockenförmig, tief gespalten, einzelne Zipfel deutlich nach außen gebogen.

Die Glocken süddeutscher Wiesen

Diese Glockenblume braucht feuchte, nährstoffreiche Standorte. Sie wächst vor allem auf den artenreichen Mähwiesen Süddeutschlands, wo sie vor der ersten Mahd ihre Blüten öffnet. Im norddeutschen Tiefland fehlt die Wiesen-Glockenblume weitgehend.

In vielen mythischen Zeichnungen sind die Blütenglocken die Kleider der Elfen. Um die Jahrhundertwende waren Kinderbücher mit Pflanzen, Tieren, Zwergen und Elfen sehr beliebt. Glockenblumen öffneten den Weg in das Zwergenreich. Die zartblauen Glockenblumen sind uns allen vertraut. Es sind beliebte Pflanzen auf Wiesen und in Wäldern. Nahe Verwandte besiedeln in den Bergen selbst kleinste Felsspalten und sind als Steingartenpflanzen beliebt. Die **Wiesen-Glockenblume** ist eine Wetterpflanze: Bei Sonnenschein sind ihre Glocken weit geöffnet und aufrecht. Bei trübem Wetter und Regen hängen sie und schließen sich langsam. Die Glockenform der Blüte ist wohl auch eine Anpassung an die Samenverbreitung. Erst wenn der Wind sie richtig läutet, streuen Wiesen-Glockenblumen ihre Samen aus.

Was Kühe gerne mögen

Auf gut gedüngten Wiesen und Weiden ist das Knäuelgras weit verbreitet. Es ist widerstandsfähig, ertragreich, nährstoffreich und eines der wertvollsten Futtergräser. Aber es muss vor der Blütezeit geschnitten werden, denn später werden die Halme hart und spröde.

Der Volksmund teilt alle Pflanzen, die am Boden wachsen, in Kräuter und Gräser ein. Die Kräuter tragen meist sichtbare und bunte Blüten, die Gräser dagegen blühen eher im Verborgenen. Dennoch haben einige Gräser überhaupt erst die menschliche Kultur ermöglicht. Neben den Getreidesorten sind das vor allem die Weidegräser. Das **Wiesen-Knäuelgras** ist ein solcher Energieträger, mit dem sich Viehzucht erfolgreich betreiben lässt. Es wächst auf allen Wiesen und blüht drei Monate lang. Wer die kräftigen und harten Rispen durch die Hand gleiten lässt, spürt das Durchsetzungsvermögen dieser Pflanze. Wird sie geknickt, richtet sich der Halm an einem Knoten wieder auf und steht. Das Gras wächst mittlerweile in allen gemäßigten Regionen der Erde.

Wiesen-Knäuelgras
Dactylis glomerata

▸ Süßgräser
▸ Mai bis Juli
▸ 50 – 120 cm

Merkmale
Graugrünes, in Horsten wachsendes Gras mit kräftigen, rauen Halmen; Blätter bis 45 cm lang, 2–14 mm breit und spitz, junge Blätter gefaltet; Blütenrispe aus dicht stehenden (geknäuelten) Ähren.

Gewöhnliches Schilf
Phragmites australis

- Süßgräser
- August bis Oktober
- 1,5 – 3 m

Merkmale
Größtes einheimisches Gras; kräftige, steife Halme mit zahlreichen Knoten; Blätter bläulich grün, lang und schmal, mit vielen Nerven, deshalb sehr zäh und fest.

Das Rauschen am Teich

Überall an den Ufern von Teichen und langsam fließenden Gewässern steht Schilf in großen Beständen. Das leise Rauschen seiner Halme gehört zum Sommer wie der milde Wind. Schilfhalme sind hohl und trotzdem ein Wunder an Festigkeit. Kein Sturm kann sie knicken.

Wahrscheinlich wäre die kulturelle Entwicklung der Menschen ohne das **Schilf** anders verlaufen. Dieses eindrucksvolle Gras bringt uns die verschiedensten Nutzen: Leonardo da Vinci zeichnete seine genialen Ideen mit Rohrfedern, die ersten Häuser der Menschen waren aus Schilfmatten geflochten und Reet ist heute noch haltbares Dachdeckermaterial. Im Donaudelta gewinnt man aus Schilf Rohrzucker, füttert Pferde mit den jungen Pflanzen und befestigt mit Schilfzäunen Ufer. Diese Pflanze reinigt die Gewässer und wird heute als biologische Kläranlage verwendet. Eine Reihe seltener Vögel hat sich an den Standort Schilf angepasst. Die Rohrsänger bauen Pfahlnester in das Schilf und die Rohrdommel versteckt sich dort. Schmetterlinge entwickeln sich im Halminneren und sorgen für das Nachwachsen.

Das Gras mit dem Fuchsschwanz an der Spitze

Ein Blütenstand so buschig wie ein Fuchsschwanz gab diesem bekannten Wiesengras den Namen. Man findet den Wiesen-Fuchsschwanz vom Tiefland bis in Höhen von 1600 m. Als Nässe- und Nährstoffzeiger wächst er auf feuchten Wiesen mit schweren, nährstoffreichen Böden.

Wiesen-Fuchsschwanz
Alopecurus pratensis

▸ Süßgräser
▸ April bis Juli
▸ 30 – 120 cm

Merkmale
Ausdauerndes, in lockeren Horsten wachsendes Gras; Halme dünn, mit auffallend wenigen Knoten; Blätter kräftig grün und etwas rau, 5–40 cm lang, schmal, zugespitzt.

Wahrscheinlich ist dieses Gras das älteste Weidegras überhaupt. Es siedelt sich in Horsten an und bildet das obere Stockwerk einer Wiese. Andere Gräser wachsen niedriger und bilden den Wiesengrund. Als wertvolles Weidegras wurde der **Wiesen-Fuchsschwanz** auch in Nordamerika eingeführt und ist sogar in Grönland zu Hause. Vermutlich wurden die Grassamen von Walfängern in ihren Hosenaufschlägen und Stulpenstiefeln dorthin verschleppt. Im Mittelalter wurden Merkmale von Pflanzen gerne mit hervorstechenden Eigenschaften von Tieren verglichen. So ist der Fuchsschwanz im Pflanzenreich gleich mehrmals vertreten. Namenspartner ist z.B. der Amaranthus, eine beliebte Gartenpflanze. Der wissenschaftliche Name beschreibt nichts anderes: fuchsschwanzähnlich und auf der Wiese stehend.

Bäume und Sträucher

Wie ein Riese steht er da und das schon seit langer Zeit. In seinen Blättern wohnt der Wind und von seiner Spitze singen Vögel ihr Morgenlied. Was hat der Baum schon alles erlebt? Wie viele Menschen sah er kommen und gehen? Mein Baum steht und verändert sich mit den Jahreszeiten. Er wird grün, trotzt Regen und Sturm im Frühling, wiegt sich im Sommerwind und im Herbst spielen seine Blätter mit den Farben. Jeder hat so einen Baum. Und sieht manchen Tag nach ihm.

Bäume sind eindrucksvolle Lebewesen. Sie stehen schon länger auf der Erde als wir Menschen unsere Geschichte aufschreiben können. Sie beeinflussen unser Leben, sind Orte unserer Geschichte, geben uns Luft zum Atmen und spenden Schatten. In ihren Zweigen wohnten Götter und aus ihren Früchten mahlten wir in Notzeiten Mehl. Unsere Kultur ist aus Bäumen gemacht. Jedes Blatt Papier, auf das wir Gedanken schreiben, stammt von einem Baum. Ein Streichholz ebenso wie das tragende Dach eines Hauses. Jeder Baum trägt etwas zu unserem Leben bei. Wir sollten Bäume besser kennen lernen. Wir sind Partner fürs Leben.

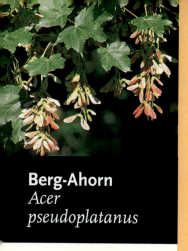

Berg-Ahorn
Acer pseudoplatanus

- Ahorngewächse
- April bis Mai
- 30 – 40 m

Merkmale
Kerzengerader Baum; Blätter an langem Stiel, in fünf Lappen geteilt; Blüten gelbgrün, hängen in langen Trauben am Ende der Zweige; Früchte mit fast rechtwinklig zueinander angeordneten Flügeln.

Weiß und wertvoll

Förster nennen den Berg-Ahorn auch „Weißholz", denn dieser Baum liefert das hellste aller einheimischen Hölzer. Bergahornholz ist fest und dicht und deshalb sehr wertvoll. Auf den Holzmärkten wird es viermal teurer gehandelt als beispielsweise Buchenholz.

Der berühmteste **Berg-Ahorn** steht in der Ostschweiz bei Truns. Unter seiner Krone gelobten im Jahre 1424 die Eidgenossen aus den umliegenden Dörfern dem Grauen Bund die Treue zu halten. Sie legten mit dem Schwur den Grundstein für den Kanton Graubünden. Leider überlebte der Schwurbaum die lange Zeit bis heute nicht, aber ein Steckling des Originalbaumes steht an seiner Stelle und ist nun auch schon über 130 Jahre alt. Um den Ahorn ranken sich weder im Christentum noch in den Naturreligionen Mythen. Er wird lediglich wegen seines Schattens in Ehren gehalten. Goethe erzählt im Faust vom süßen Saft des Ahorns. Der wurde aus dem Baumwasser gekocht und als Zucker verwendet. Der Berg-Ahorn gibt leider wenig Saft. Der heute verwendete kanadische Ahornsirup stammt vom Zucker-Ahorn.

Woher die Buchstaben kommen

Wahrscheinlich hat Johannes Gutenberg seine Bücher mit geschnitzten Lettern aus hartem Buchenholz gedruckt. Doch der Name der Buche ist schon älter. Er leitet sich vom althochdeutschen Wort „buohstap" ab, denn das germanische Runenalphabet wurde in Buchenstäbe geritzt.

Rot-Buche
Fagus sylvatica

▸ Buchengewächse
▸ April bis Mai
▸ 10 – 45 m

Merkmale
Langer gerader Stamm mit glatter, bleigrauer Rinde; Blätter oval, mit welligem Rand; glänzende Früchte (Bucheckern) sitzen in einer stacheligen Hülle, die sich mit vier Klappen öffnet.

Die **Rot-Buche** brachte viel Licht ins Mittelalter. Anders als das harzreiche Kiefernholz „spritzten" ihre Spanfackeln nicht und wurden in Klöstern und Burgen als Lichter an den Wänden verwendet. In England und Schweden legt man an Weihnachten ein großes Buchenscheit in den Kamin und streut die Asche nach Neujahr mit segensbringenden Wünschen auf die Felder. Nach dem Krieg fuhren die Autos mit Holzgas aus Rot-Buchen. Unsere Urgroßmütter rührten Buchenasche in Wasser und verwendeten das Gemisch als Waschlauge. Der berühmte Wiener Stuhl wird aus geformtem Buchenholz hergestellt.

Der Baum unserer Geschichte

Stiel-Eichen leben lange. Viele werden 500 Jahre alt, manche sogar älter als 1000 Jahre. Eine der ältesten Eichen Deutschlands steht bei Recklinghausen. Ihr Alter wird auf 1500 Jahre geschätzt. Sie stammt aus der Zeit, als Karl der Große Eichenwälder pflanzen ließ.

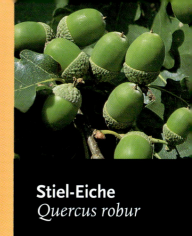

Stiel-Eiche
Quercus robur

▸ Buchengewächse
▸ April bis Mai
▸ 40 – 50 m

Merkmale

Blätter kurz gestielt; männliche Blüten grüne hängende Kätzchen, weibliche Blüten rot, knopfförmig; Eicheln in Bechern, mit langen Stielen (Name).

„Auf der **Eiche** wachsen die besten Schinken" war ein gebräuchliches Wort des Mittelalters. Mit Eicheln gemästete Schweine liefern kerniges Fleisch und festen Speck. Das wussten schon Kelten und Germanen und trieben ihre Tiere in die Wälder. Karl der Große ließ sogar Eichen extra anpflanzen, um für mehr Eichenwälder zu sorgen. Doch was man jahrhundertelang den Schweinen vorwarf, aßen auch Menschen. Plinius beschreibt die Früchte als die erste und ursprünglichste Nahrung der Menschen. Die Kelten ehrten die Eiche als göttlichen Baum. Ihre Druiden, die geistigen Führer, schnitten einmal im Jahr mit goldenen Sicheln Misteln von den Eichen. Daraus leitet sich noch heute der Weihnachtsschmuck ab. Das Schloss Dornröschens, die Sababurg, liegt im altehrwürdigen Reinhardswald, einem Eichenwald bei Kassel.

Winter-Linde
Tilia cordata

- Lindengewächse
- Juni bis Juli
- 15 – 25 m

Merkmale
Blätter schief herzförmig; Blüten gelbweiß, stark duftend, bilden zu fünf bis neun einen Blütenstand, der mit einem schmalen Blatt verwachsen ist; kleine kugelige Kapselfrucht.

Der Baum der schiefen Herzen
Die Blätter der Winter-Linde sind am Ansatz schief herzförmig eingeschnitten. Das ist ihr Markenzeichen. Im Unterschied zur nahe verwandten Sommer-Linde tragen sie aber auf der Unterseite keine weißen, sondern rostbraune Haarbüschel.

Am letzten Sonntag im August ist in Limmersdorf bei Kulmbach Lindenkerwa. Die Tanzfläche ist mitten in den Baum gebaut, sie ist eines der letzten Zeugnisse betanzter Linden. In der **Linde** verehrten die Germanen Freya, die Göttin der Liebe. Mit dem Christentum wurden es Marienlinden. Martin Luther nannte die Linde einen „Friedens- und Freudenbaum". Von alters her ist die Linde der Baum des Volkes. Sie war das Zentrum der Geselligkeit, romantischer Ort für Feste und galt als heiliger Gerichtsbaum. Eine der ältesten Gerichtslinden steht im oberfränkischen Staffelstein, Deutschlands längste Lindenstrasse ist die Herrenhäuser Allee in Hannover. Der Name Linde stammt wahrscheinlich von der alten Bezeichnung „lind" für geschmeidig und weich. Man benutzte den weichen Bast für Schnüre und Bogensehnen.

Wo ein Fluss fließt, da wächst auch eine Esche

Zusammen mit Weidenbüschen säumt die Esche Bäche und Flüsse im Tiefland, kann aber auch in den Alpen bis zu den Almen große Bestände bilden. Überall an feuchten Stellen wächst dieser Baum. Der Baum der Flüsse gab vielen Städten und Dörfern ihren Namen.

Gewöhnliche Esche
Fraxinus excelsior

- Ölbaumgewächse
- April bis Mai
- 25 – 40 m

Merkmale
Blätter aus 11–15 Teilblättchen zusammengesetzt, einzelne Blättchen oval, zugespitzt, unten entlang der Adern rotbraun behaart; Blüten in dichten Büscheln, rot; Früchte mit langen Flügeln.

Amors Pfeil soll aus Eschenholz gewesen sein. Seit jeher werden Speere, Bögen und Pfeile aus **Esche** gemacht. Im Griechischen heißt „melia" gleichzeitig Esche und Speer. Die Wikinger gaben sich sogar selbst den Namen Aschemanen. In der germanischen Sagenwelt leiten sich die ersten Menschen von der Weltenesche Yggdrasil ab. Jeden Tag kamen die Götter über die Brücke des Regenbogens zum Weltenbaum. In den Bergen waren die ersten Skier aus Eschenholz. Heute sind es vorwiegend Ruder und Paddel, Sportgeräte wie Barren und Ringe, Leitersprossen oder Parkettböden.

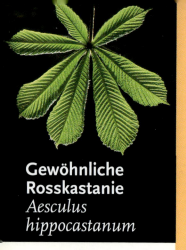

Gewöhnliche Rosskastanie
Aesculus hippocastanum

▸ Rosskastaniengewächse
▸ Mai bis Juni
▸ 10 – 25 m

Merkmale
Blätter handförmig, lang gestielt; weiße Blüten in aufrechten Blütenständen (Kerzen); Frucht eine Kapsel mit langen Stacheln, enthält ein bis drei glänzende braune Samen (= Kastanien).

Blüten wie Kerzen – Blätter wie Riesenhände

Solche handförmigen Blätter wie die Rosskastanie besitzt kein anderer Laubbaum. Kastanienblätter bestehen aus fünf bis sieben Teilblättchen und sitzen an langen, kräftigen Stielen. Nach dem Laubfall im Herbst hinterlassen sie an den Zweigen hufeisenförmige Abdrücke.

Seit wenigen Jahren lassen die Kastanienbäume schon im Juli ihre Blätter fallen. Der Grund dafür ist die winzige Motte *Cameraria*, deren Raupen massenweise in den Blättern leben. Im Forstinstitut von Weihenstephan laufen große Anstrengungen, um diesen Schädling nun biologisch zu bekämpfen. Im Gegensatz zur südeuropäischen Edelkastanie sind **Rosskastanie**n wegen ihrer Bitterstoffe nicht essbar. Tiere stören sich daran nicht, sie schätzen die stärkehaltigen Früchte als nahrhaftes Winterfutter. Viele Menschen lieben Kastanien als Glücksbringer.

Der Baum des Frühlings

Junges Birkenlaub ist in vielen Ländern das Symbol des Frühlings, des Neubeginns. In Skandinavien beginnt mit dem Birkenaustrieb das landwirtschaftliche Jahr, in England ein neues Geschäftsjahr und bei uns ist der Maibaum oft eine Birke.

Hänge-Birke
Betula pendula

▸ Birkengewächse
▸ März bis Mai
▸ 10 – 25 m

Merkmale
Sommergrüner Laubbaum mit herabhängenden Zweigen und ovaler Krone; Rinde silbrig weiß, mit großen schwarzen Flecken durchsetzt; Blätter dreieckig zugespitzt, am Rand fein gezähnt; winzige Nussfrüchte.

Am Donnerstag vor Pfingsten wandern in Russland die Männer des Dorfes hinaus, um eine **Birke** zu schneiden. Sie schmücken sie mit bunten Bändern und ziehen ihr Frauenkleider an. Singend und tanzend bringen sie die Birkenfrau ins Dorf. Am Pfingstsonntag werfen sie die Figur mit der Bitte um Regen als eine Art Opfergabe in den Fluss. Was den Deutschen die Linde, ist den Nord- und Osteuropäern die Birke. Sie ist der Baum des Lebens, des Glücks und das Sinnbild des Frühlingserwachens. Aus seinen Zweigen entstand der Besen, der mehr als ein Haushaltsgerät war. Kehren mit Birkenzweigen war in der Antike eine kultische Handlung und wird noch heute in den hinduistischen Tempeln so gehandhabt. Die jungen Blätter in den Salat zu geben, ist eine beliebte Frühjahrskur, um den Körper zu entwässern. Jedes Birkenkätzchen entlässt im Frühling etwa fünf Millionen Pollen – schlechte Zeiten für Allergiker.

Schwarz-Erle
Alnus glutinosa

- Birkengewächse
- März bis April
- 10 – 25 m

Merkmale

Sommergrüner Laubbaum mit fast schwarzer Rinde; Blätter oben dunkelgrün, klebrig, unten mit gelben Haarbüscheln; Früchte dunkelbraune, verholzte Zapfen, die lange an den Zweigen hängen bleiben.

Kein Bach ohne Erlen

Schwarz-Erlen sind Grundwasseranzeiger. Sie wachsen nur auf staunassen Böden. In Mitteleuropa begleiten sie als häufigste Erle alle Fließgewässer. Dort bilden sie zusammen mit Pfaffenhütchen und Bittersüßem Nachtschatten dichte Bestände.

Wer reitet so spät durch Nacht und Wind? Goethes Gedicht vom Erlkönig mussten wir wahrscheinlich alle lernen. Sicher fragten sich viele, was eigentlich ein Erlkönig ist. Gottfried Herder übertrug einst das dänische Gedicht vom „eller-konge" ins Deutsche und nannte ihn „Erlenkönig". Ellern heißen allerdings im plattdeutschen Elfen und nicht Erlen. Goethe übernahm den Übersetzungsfehler und das lyrische Liebesgedicht über die Tochter eines Elfenkönigs wurde zum mystischen Werk. Die **Schwarz-Erle** war ein traditionelles Färbemittel. Aus den Zapfen ließ sich eine lichtechte schwarze Tinte herstellen, die dunklen Inhaltsstoffe der Borke dienten zum Lederfärben und mit den Blättern und Kätzchen färbte man Stoffe grün. Fischer beizten mit einem Rindensud sogar ihre Netze, um sie haltbarer zu machen. Der Rauch von Erlenholz verleiht Räucherfisch einen unvergleichlichen würzigen Geschmack. Der Pollenstaub erregt Heuschnupfen.

Der Strauch der Eichhörnchen

Haselsträucher werden von vielen Tieren genutzt: Bienen schätzen sie als wichtigen Pollenlieferanten. In ihren dichten Zweigen brüten viele Vögel. Und ihre Früchte sind wegen des hohen Eiweiß- und Ölgehaltes für Eichhörnchen und Mäuse ein nahrhaftes Winterfutter.

Gewöhnliche Hasel
Corylus avellana

▸ Birkengewächse
▸ Februar bis April
▸ 2 – 5 m

Merkmale
Sommergrüner Strauch mit rundlichen, auf beiden Seiten behaarten Blättern; männliche Blüten hängende Kätzchen, weibliche Blütenstände knospenförmig; hartschalige Nussfrucht in zerschlitztem Becher.

Die **Hasel** hat Frieden, heißt es oft. Im antiken Rom strecken sich Unterhändler von Friedensverhandlungen Haselnusszweige entgegen. Mit den Johannistrieben wurden Gerichtsstätten abgesteckt und Förster steckten mit Haselnussruten Waldgrenzen ab. Sogar Aschenputtel wünschte sich einen Haselstrauch für das Grab seiner Mutter. Im Verborgenen der Magie liegt auch die Verwendung von Haselzweigen zum Aufspüren von Wasseradern, Erzgängen oder Schürfgruben. In der „Lex ripuaria" versuchte man in frühfränkischer Zeit der Verwendung gegabelter Wünschelruten aus Hasel Einhalt zu gebieten. Dennoch wird sie heute noch verwendet. Die im Handel erhältlichen Haselnüsse stammen von einer nahe Verwandten, der Lamberts-Hasel. Die türkische Baum-Hasel steht als Zierbaum in vielen Städten.

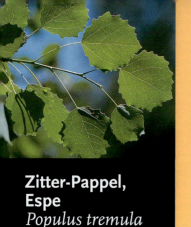

Zitter-Pappel, Espe
Populus tremula

- Weidengewächse
- März bis April
- 10 – 25 m

Merkmale
Laubbaum mit dunkelgrauer, rissiger Borke; Blätter fast kreisrund, an langen dünnen Stielen, werden schon durch den leichtesten Windhauch bewegt; Blüten in rötlich gefärbten, herabhängenden Kätzchen.

Ihre Blätter zappeln immer

„Reglos Baum und Büsche mir im Garten. Abendstill die Luft. Allein die Espe zittert mit den tausend ihrer Blätter an den schwanken Stielen bis zum Wipfel..." So beschrieb Herrmann Claudius sehr treffend diesen Baum. Der lateinische Artname *tremula* heißt „zitternd".

So mancher Ziegelstein im Rheinland hält länger, weil er mit dem Holz der **Espe** gebrannt wurde. Brand und Asche des Espenholzes verleihen Ziegeln eine große Dauerhaftigkeit. Das gelbliche, leichte Holz verwendet man weiter gerne als Spanplatten oder zur Wärmedämmung mit Zellstoff. Auch Holzschuhe und Tröge werden aus dem Holz geschnitzt. In den Donauauen hat sich vor allem wegen der zahlreichen Zitter-Pappeln der Biber wieder angesiedelt. Die Innenrinde, wie der Bast auch heißt, ist die Lieblingsspeise dieser Nager. Vom nahrhaften Bast zehrten auch schon die Indianer Nordamerikas. Sie nahmen ihn als Notration, bei Husten und als Vitamin-C-Spender. Forstlich interessant ist, dass die **Zitter-Pappel** auf Kahlschlägen von ganz alleine dem Ginster und der Schlehe folgt. Sie ist eine Pionierart.

Der Baum der Vögel und Sänger

Im Volksmund wird die Eberesche auch Vogelbeerbaum genannt, denn sie bietet mit ihren Früchten Futter für viele Vogelarten. Weil die scharlachroten Beeren vor allem von Wacholderdrosseln, den Krammetsvögeln, gerne gefressen werden, heißen sie häufig auch Krammetskirschen.

Eberesche, Vogelbeere
Sorbus aucuparia

- Rosengewächse
- Mai bis Juni
- 3 – 15 m

Merkmale
Rinde glatt, mattgrau; Blätter aus 9–19 Teilblättchen, junge Blätter riechen zerrieben nach Marzipan; gelbweiße Blütenstände; erbsengroße, rote Früchte (Vogelbeeren).

Das Geheimrezept vieler Opernsänger liegt im Saft der Vogelbeeren. Die Früchte enthalten mehr Vitamin C als Zitronen und einige reizlindernde Stoffe, die vor allem Stimmbänder geschmeidig machen. Roh gegessen können die Früchte Bauchschmerzen verursachen, aber gekocht ergeben sie ein wunderbar schmeckendes Mus zu Wild oder Lamm. Leider bleibt ein kleiner bitterer Nachgeschmack, den man mit Züchtungen loszuwerden versucht. Bei den Germanen war der Vogelbeerbaum dem Gewittergott Thor geweiht. Seine Zweige hatten Zauberkraft. Heute heißt es, reiche Ebereschenfrüchte zeigen kalte Winter an. Das Holz der **Vogelbeere** ist fest und wertvoll. Teure Möbel und feine Holzarbeiten sind aus dem rötlich weißen, nachdunkelnden Holz gemacht. An unseren Straßen stehen mittlerweile viele Kreuzungen verschiedener **Ebereschen**.

An apple a day keeps the doctor away

Dieses englische Sprichwort rät uns, täglich einen Apfel zu essen, um gesund zu bleiben. Nicht zu Unrecht, denn Äpfel enthalten viele Vitamine, Mineralien und Spurenelemente. Sie unterstützen die Verdauung, senken den Cholesterinspiegel und beugen Arteriosklerose vor.

Kultur-Apfel
Malus domestica

- Rosengewächse
- Mai bis Juni
- 3 – 5 (10) m

Merkmale
Obstbaum, bis 10 m Höhe, heute meist nur als kleiner Stamm gezogen; Blätter breit eiförmig; Blüten in Büscheln, mit fünf Blütenblättern, weiß, außen rötlich überlaufen, besonders reicher Bienenbesuch.

Auf ihren Eroberungszügen nach Norden wollten die Römer von den Kelten des Voralpenlandes eigentlich nur das Gold. Doch sie fanden auch den **Apfel**. Im Raum Heilbronn ist der älteste Fund eines Apfels auf rund 4000 v. Chr. datiert worden. Äpfel werden dort wohl auch seit dieser Zeit angebaut. Auch die Gallier lebten schon vom „agrestia poma", vom angebauten Apfel, berichtet Tacitus. Den einstigen Wildapfel gibt es heute noch in Hecken. Man erkennt ihn an den Härchen auf den Blattrippen und an seinen Stacheln. Wie viele Kultursorten es gibt, ist unbekannt. Schon immer war der Apfel das Symbol der Göttinnen der Liebe, bei den Griechen Aphrodite, bei den Germanen Idun. In den unterschiedlichsten Kulturen gibt es die Geschichte eines Apfelbaumes im Paradies, dessen Früchte unsterblich machen. „Und wüsste ich, dass die Welt morgen unterginge, würde ich heute noch ein Apfelbäumchen pflanzen", schrieb Luther.

Wilde Kirschen schmecken bitter

Die Vogel-Kirsche ist die Stammart der kultivierten Süß-Kirschen. Ihre Früchte sind essbar, schmecken aber leicht bitter. „Edelkirschen" werden seit der Römerzeit kultiviert. Heute gibt es eine Vielzahl von Sorten, die sich in Fruchtform, Farbe und Größe unterscheiden.

Vogel-Kirsche
Prunus avium

▸ Rosengewächse
▸ April bis Mai
▸ 15 – 20 m

Merkmale
Blätter oval und lang zugespitzt, ziemlich dünn; Blüten weiß, langstielig, in Büscheln, erscheinen kurz vor den Blättern; kugelige Steinfrüchte mit leicht bitterem Geschmack.

Wer es wagte, bei Vollmond unter einem blühenden Kirschbaum tanzenden Elfen und Feen zuzuschauen, dem drohte viel Unheil. Es hieß, dort würden sich Geister und merkwürdige Gestalten aufhalten. Auch reife Kirschen zu naschen, verbot die Kirche lange Zeit, weil saftige Kirschen „zu Sinneslust und Leidenschaft verführen". Wahrscheinlich dienten die Gespenstergeschichten nur dazu, den Kirschenklau zu verhindern. Der schwedische Naturforscher Carl v. Linné sah das realistischer und taufte die **Vogel-Kirsche** „Pflaume der Vögel". Der Baum wurde früher vielseitig genutzt: Der gallertartige Kirschgummi, den Kirschbäume bei Verletzungen als Wundverschluss ausscheiden, ergab in Wein aufgelöst einen wirksamen Hustensaft. Die Steine in ein Säckchen genäht und im Kachelofen erhitzt, waren das beste Heizkissen.

Hunds-Rose
Rosa canina

▸ Rosengewächse
▸ Mai bis Juli
▸ 1 – 3 m

Merkmale
Strauch mit kräftigen, sichelförmig nach hinten gekrümmten Stacheln; Blätter aus vier bis sieben Teilblättchen zusammengesetzt; Blüten rosa bis rot, mit fünf Blütenblättern; Früchte (Hagebutten) oval bis rund, rot.

Die Orange des Nordens

Hagebutten sind in der Volksmedizin ein bewährtes Mittel bei Erkältungskrankheiten, denn sie enthalten zehnmal mehr Vitamin C als Zitronen. Extrakte des vitaminreichen Fruchtfleisches werden deshalb auch Vitaminpräparaten beigemischt.

Bei den Germanen war die **Hunds-Rose** Sinnbild des Feuers, der Zerstörung, weil diese Pflanze auf allen Schlachtfeldern stand. Den Griechen war die Rose das Symbol der Liebe, der Anmut und der Lebensfreude. Zur Blumenkönigin erhob sie die griechische Lyrikerin Sappho um 600 v. Chr. Die Römer übernahmen die Rosenliebe der Griechen: Bei Neros ausschweifenden Gelagen regnete es Rosenblätter von der Decke. Bald wurde Rosenöl und Rosenwasser teuer gehandelt. Auch die roten Schlafäpfel der Rosengallwespe, in denen sich ihre Larven entwickeln, fanden sich in den Kräuterläden der Bader im 17. Jahrhundert. Man sollte sie Kindern unter das Kopfkissen legen, damit sie einschlafen. Findet man in Klöstern oder Ratskellern eine Deckenrose aus Stuck, so sollten Gespräche darunter geheim bleiben. Der Satz „Keine Rosen ohne Dornen" ist botanisch falsch. Es sind Stacheln.

Viele Dornen – wertvolle Früchte

Die Durchsetzungskraft dieser Pflanze ist enorm. Sie treibt unterirdische Ausläufer und daraus ausladende Triebe, die dicht bedornt sind. In kurzer Zeit schafft sie ein undurchdringliches Dickicht, das anderen Pflanzen das Licht nimmt.

Himbeere
Rubus idaeus

▸ Rosengewächse
▸ Mai bis Juni
▸ 50 – 150 cm

Merkmale
Strauch mit brauner Rinde; Zweige sind mit kurzen, dunkelroten Stacheln besetzt; Blätter unten weißfilzig; rote samtige Früchte (Himbeeren).

Der Dornstrauch, in dem sich die Hinde gerne verbirgt, bedeutet das althochdeutsche Wort „hindberi". „Hinde" hieß damals die Hirschkuh. Seit dieser Zeit wird die Hindelbeere kultiviert, denn sie lieferte wertvolle Früchte. Mit Himbeeren konnte man fast alles machen: den Skorbut heilen, das Blut reinigen, den Appetit anregen oder Marmelade, Wein, Likör und Himbeergeist daraus bereiten. Ihr Geschmack ist so intensiv, dass selbst bittere Arznei mit Himbeersirup erträglich wird. Blätter und Blüten ergeben einen heilkräftigen und wunderbar schmeckenden Tee, der früher teuren Importtee ersetzte.
Die **Himbeere** muss schon Jahrhunderte v. Chr. bekannt gewesen sein. In prähistorischen Siedlungen in der Schweiz fanden sich ihre Reste, die auf einen sehr regen Gebrauch im Haushalt schließen lassen.

Eingriffeliger Weißdorn
Crataegus monogyna

- Rosengewächse
- Mai bis Juni
- 2 – 10 m

Merkmale
Dorniger, stark verzweigter Strauch oder Baum; Blätter tief gebuchtet, mit drei bis fünf spitzen Lappen; Blüten weiß, mit nur einem Griffel (Name), riechen süßlich.

Gut fürs Herz – auch heute noch

Viele herzstärkende Medikamente tragen in ihrem Produktnamen den lateinischen Namen des Weißdorns. Blüten, Blätter und Früchte dieses Strauches enthalten herzwirksame Stoffe. Ihre Wirkung setzt aber erst nach längerem, regelmäßigem Gebrauch ein.

Die Dorfbewohner des Ortes Wohnsgehaig südlich von Bayreuth hegen einen uralten Baum. Zwischen den Anwesen der oberfränkischen Familien Landmann und Birner steht der älteste **Weißdorn** Deutschlands. Wissenschaftler datieren den knorrigen, nur 3,5 m hohen Baumgreis auf ein Alter von 1200 Jahren. Einen „Hagedorn" pflanzen hieß früher so viel wie ein Feld eingrenzen. Überall diente der dornige Strauch als Gehäge. Damit bezeichnet man dichtes Gestrüpp, das Mensch und Haustier vor wilden Tieren schützt. Der Weißdorn war der Baum der weißen Magie und besaß die Kraft, Zauberei abzuwehren. Noch heute nagelt man deshalb in ländlichen Gebieten oft einen Weißdornzweig an die Stalltüre. Auch Bauernregeln sind daran geknüpft:

„Gibts viel Weißdorn und viel Schlehen, bringt der Winter kalte Zehen."

Frau Holles Baum an jedem Zaun

Im Blattwerk des Holunders wohnt nach alter Überlieferung eine segensbringende Göttin, die Übel von Haus und Hof abwehrt, die Holde oder Holle. Sie zeigte in vielfältiger Weise ihre gute Wirkung: Der Holunder ist die „lebendige Hausapotheke des deutschen Einödbauern".

Schwarzer Holunder
Sambucus nigra

▸ Holundergewächse
▸ Juni bis Juli
▸ 2 – 7 m

Merkmale
Zweige gefüllt mit weißem Mark; Blätter aus fünf bis sieben Teilblättchen zusammengesetzt; Blüten weiß, duftend, stehen in flachen Blütenständen am Ende der Äste; Früchte erst grüne, bei Reife schwarze Beeren.

Hauseigener Sekt ist in Franken heute noch beliebt: 15 Blütendolden, drei Zitronen, 1 kg Zucker und 10 l Wasser drei Tage im Gefäß stehen lassen. Danach die Zitronen ausdrücken und abseihen. In Bierflaschen mit Bügelverschluss reift der Hollersekt in zwei bis drei Wochen. Auch die Holunderbeeren ergeben Heilsames: Heißer „Fliederbeersaft" vertreibt jede Erkältung. In unsicheren Zeiten wurde der **Schwarze Holunder** zum Schatzbaum. Bei Gefahr vergrub man das Geld unter dem Strauch und hieb ihn ab. War die Gefahr vorbei, zeigte der neu austreibende Busch, wo der Schatz vergraben war. Für eine Kräuterhexe von Stand war es undenkbar, keinen Schwarzen Holunder im Garten zu haben. Alle Teile des Strauches sind einfach zu nützlich. Einen frischen Zweig in den Gang gesteckt, vertreibt angeblich sogar Maulwürfe. Ein Zweig im Pferdehalfter vertreibt die Fliegen.

Gewöhnliche Fichte
Picea abies

- Kieferngewächse
- Mai bis Juni
- 30 – 50 m

Merkmale
Nadelbaum mit einzeln stehenden, spitzen und sehr harten, steifen Nadeln; Rinde rotbraun, blättert in kleinen, runden Schuppen ab; reife Zapfen braun, hängend, fallen als Ganzes ab.

Ein Baum wie ein Dreieck

Jeder Baum hat eine bestimmte Wuchsform, an der man ihn schon von weitem erkennen kann. Lebensbäume wachsen säulenförmig, die Esche hat eine kugelige Krone und die Fichte sieht aus wie ein Dreieck. In Straßen- und Wanderkarten wird sie auch so bezeichnet.

Wenn Kutschen früher wie geschmiert über die holprigen Wege rollten, dann verdankten sie ihre Leichtläufigkeit der **Fichte**. Der wissenschaftliche Name *Picea* stammt vom lateinischen Wort „pix" für Pech. Aus den harzreichen Wurzelstubben gewann man früher Holzteer und daraus Pech und Wagenschmiere. Nicht nur das Holz wurde genutzt. Fichtennadelöl ergibt noch heute ein nervenstärkendes Vollbad. Ein dichter Fichtenbestand regte schon immer die Fantasie der Menschen an. Dort stand in Märchen das Hexenhaus von Hänsel und Gretel, dort gewann das tapfere Schneiderlein den Kampf mit dem Riesen.

Lange Nadeln – immer zu zweit

Die Nadeln der Wald-Kiefer werden bis zu 8 cm lang, wachsen paarweise und sind sehr spitz und steif. Diesen spitzen Nadeln verdankt die Wald-Kiefer auch ihren wissenschaftlichen Namen *Pinus*. Früher bezeichnete man spitze Gegenstände wie einen Wurfspieß als Pinum.

Wald-Kiefer
Pinus sylvestris

▸ Kieferngewächse
▸ Mai
▸ 30 – 50 m

Merkmale
Stamm älterer Bäume im oberen Bereich rötlich gefärbt und sehr feinschuppig, unten grauschwarz mit groben Längsfurchen; Nadeln blaugrün, paarweise, oft gedreht; reife Zapfen dunkelbraun, 4–6 cm lang.

Wahrscheinlich war es Martin Luther, der den Namen Kiefer in den Sprachgebrauch brachte. Er verwendete ihn erstmals in seiner Bibelübersetzung. Davor hieß der Baum wohl Kienforen, was anschaulich „Fackel eines Nadelbaumes" bedeutete. Die harzreichen Kienspäne waren fingerdicke, etwa 20 cm lange Holzstücke, die man nach dem Trocknen in Harz tauchte. In einen metallenen Halter gesteckt erhellten sie eine Bauernstube gut eine Stunde. In abgelegenen Bauernhöfen wurden sie noch zu Anfang des 20. Jahrhunderts verwendet. Das Harz der **Wald-Kiefer** war schon seit langer Zeit begehrtes Handelsobjekt. Die Ägypter balsamierten damit ihre Toten ein, im Mittelalter war Harz der Stoff zum Zahnersatz. Verbrannte Harzrückstände lieferten Druckerschwärze und Mittel zum Putzen der Lederstiefel. Heute noch dienen Kienspäne zum Feuermachen. Sie brennen sofort und duften auch noch.

Im Herbst mit goldgelben Nadeln

Als einziger einheimischer Nadelbaum wechselt die Lärche die Farbe ihres Nadelkleides mit den Jahreszeiten. Im Frühling sind Lärchennadeln hellgrün, im Sommer dunkeln sie nach und im Herbst werden sie goldgelb und fallen ab.

Europäische Lärche
Larix decidua

- Kieferngewächse
- März bis Mai
- 25 – 40 m

Merkmale
Winterkahler Nadelbaum mit graubrauner, im Alter tief rissiger Rinde; Nadeln im Frühling hellgrün, im Herbst goldgelb, weich, in Büscheln zu 20–40; reife Zapfen braun, oval.

Nach einer alten Legende bringt in den Alpen nicht der Storch die Kinder auf die Welt, sondern ein doppelstämmiger Lärchenbaum. In ihm wohnten die guten Waldfrauen, die bei schweren Geburten hilfreich zur Seite standen. Von allen Nadelbäumen liefert die **Lärche** das härteste, beständigste Holz. Obwohl Lärchenholz noch harzreicher als Kiefernholz ist, galten seine Stämme als wertvolles Bauholz, das sogar vor Feuer schützte. Im alten Rom bestanden viele Dachstühle aus Lärche, dennoch brannte Rom zur Zeit Neros lichterloh. Der anspruchslose Forstbaum wurde immer wieder auch außerhalb der Alpen gepflanzt. Heute stehen 170-jährige Lärchen mit Stammlängen von über 50 m in der Nähe von Fulda im Forstamt Schlitz. Ihr Holz riecht wunderbar aromatisch, Lärchenholzmöbel duften jahrelang.

Eine Handvoll Nadeln töten ein Pferd

In der Natur begegnet man der Eibe nur im Gebirge. Aber als Hecke ist sie überall angepflanzt. Kinder werden zwar kaum auf die Idee kommen, ihre tödlich giftigen Nadeln zu kauen. Aber Kinder auf Ponys begegnen der Eibe ganz sicher.

Der einzige heimische Nadelbaum, der keine Zapfen, sondern leuchtend rote Beeren trägt, hat es in sich. Ausgerechnet der rot leuchtende Samenmantel der Beeren ist nicht giftig, wohl aber alle anderen Teile. Immer wieder kommt es zu Vergiftungsfällen, weniger von Mensch als von Tier. Beim Ausritt mit dem Pony knabbern die Pferde gelangweilt an diesem gefährlichen Baum, der bei uns eher als Hecke auftritt. Es gab kuriose Fälle, dass ein Pony unter der Reiterin binnen Sekunden zusammenbrach. Die tödliche Dosis für ein Pferd liegt bei etwa 500 g Nadelmasse. Einzig sinnvolle Maßnahme: Die **Eibe** kennen lernen, das Pferd kurz an die Zügel. Erfreulicherweise ist Unterricht über Giftpflanzen bei Reiterabzeichen vorgesehen. Doch geschieht er kaum vor Ort an der Pflanze selbst.

Europäische Eibe
Taxus baccata

- Eibengewächse
- März bis April
- 6 – 18 m

Merkmale
Nadelbaum; Äste stehen waagrecht oder schräg nach unten; Nadeln immergrün, bis 3 cm lang; Samen mit rotem Samenmantel, der als einziger Pflanzenteil nicht giftig ist.

Heilpflanzen

Die Geschichte der Heilpflanzen ist so alt wie die Menschheit. Zu jeder Zeit verwendete man Pflanzen als Arznei und nicht nur zur Ernährung. Lange Zeit wurden die Erkenntnisse von Mund zu Mund weitergegeben. Die Heilkräfte der Natur zu kennen war ein Vermächtnis für die nächste Generation. Bald wurden sie auch aufgeschrieben. Ein Papyrus aus dem 2. Jahrtausend v. Chr. vermittelt ein gutes Bild der damaligen medizinischen Kenntnisse. Jeder Kulturkreis gab sein Wissen dazu. Die Schriften des Griechen Dioskorides wurden viele Jahrhunderte in den Klöstern abgeschrieben und bewahrt. Im Mittelalter ging mit den Hexenverbrennungen jedoch vieles verloren, da die kräuterkundigen Frauen den Herrschern zu mächtig geworden waren. Doch das Kräuterbuch von Adam Lonitzer (1557) war ein aufklärender Bestseller. Über 200 Jahre lang beherrschte es den damals noch kargen Buchmarkt und verdrängte zeitweise sogar die Bibel als meistgelesenes Buch. Heilen war wichtiger als glauben.

Der deutsche Arzt Paracelsus bemerkte etwa zur gleichen Zeit: „Alle Wiesen und Matten, alle Berge und Hügel sind Apotheken." Daran hat sich wohl bis heute nichts geändert.

Acker-Schachtelhalm
Equisetum arvense

- Schachtelhalmgewächse
- Sporenreife März bis April
- 10 – 50 cm

Merkmale
Im Frühling gelbbraune, unverzweigte Sprosse mit einem ovalen Sporenträger an der Spitze, der aussieht wie ein kleiner Tannenzapfen; im Sommer grüne Pflanze.

Das Scheuermittel der Natur
Im 17. Jahrhundert war der Schachtelhalm in jedem Haushalt zu finden. Die Köchin brachte damit das Zinngeschirr und Kupfertöpfe auf Hochglanz. Selbst Schreiner benutzten es wegen der harten Kieselsäurekristalle als Schmirgelpapier aus der Natur.

Hart wie Pferdeborsten sind die Zweige dieses blütenlosen Farns. Daher erhielt der Schachtelhalm seinen Namen (equus = Pferd, seta = Borste). Schon vor über 300 Millionen Jahren gab es diese urtümliche Pflanze auf der Erde. Damals wuchs sie meterhoch und bildete gigantische Wälder. In der heutigen Heilkunde wird ein Abguss des **Acker-Schachtelhalm**s zum Gurgeln und Mundspülen bei Entzündungen im Rachenraum benutzt. Außerdem ist Schachtelhalmtee ein häufig gebrauchtes harntreibendes Mittel bei Nieren- und Blasenleiden. Früher war er sogar ein Medikament gegen die schwer heilbare Tuberkulose. Heute weiß man, dass Schachtelhalmsud die körpereigenen Abwehrkräfte stärkt. Diese uralte Heilpflanze wächst noch immer an jedem Ackerrain.

Goldgelbe Arznei von der Bergwiese

Die große Wertschätzung dieser alten Heilpflanze drückte der Volksmund mit einem blumigen Namen aus: Wohlverleih. Auch im wissenschaftlichen Namen steckt viel Hochachtung. *Arnica* heißt so viel wie Wunderheilmittel. Doch Vorsicht, die Pflanze ist auch giftig.

Arnika, Bergwohlverleih
Arnica montana

- Korbblütler
- Mai bis August
- 20 – 60 cm

Merkmale
Zwei Arten von Blättern: Grundblätter, die eine Rosette bilden, daneben ein bis drei Paare deutlich kleinerer gegenständiger Stängelblätter; gelbe duftende Körbchenblüten.

Anfang des 16. Jahrhunderts nahm der Schweizer Kräuterexperte Konrad Gesner Arnikablüten ein, um zu zeigen, wie gut **Arnika** auch innerlich wirkt. Kurze Zeit später war der Forscher tot. Die Arnika erwies sich auch als nervenlähmende Giftdroge. Wegen dieser Vergiftungsgefahr sollte man innerlich nur Fertigpräparate verwenden. Äußerlich angewendet ist Arnika jedoch seit alters her ein Mittel zur Wundheilung, hilft bei Prellungen, Verstauchungen und rheumatischen Beschwerden. Auch bei Zahnfleischentzündungen wird sie in geringen Dosen verwendet. Leider verschwindet diese Heilpflanze mehr und mehr von den Bergwiesen. Deshalb empfiehlt es sich, auf die Ringelblume auszuweichen, die angepflanzt werden kann und ein vollwertiger Ersatz ist.

Nur echt mit Kamillenduft

An Wegrändern und auf Äckern mit nährstoffreichen Lehmböden wachsen häufig zwei Blumen, die sich zum Verwechseln ähnlich sind, die Echte Kamille und die Hundskamille. Trotzdem kann man sie leicht unterscheiden: Nur die Echte Kamille duftet aromatisch.

Echte Kamille
Matricaria recutita

Wohl kein Rezept hat den Menschen mehr genützt als dieses: Man nehme einen gehäuften Teelöffel getrockneter Kamillenblüten und brühe mit $1/4$ l kochendem Wasser auf. Kurz ziehen lassen. Dieses Rezept bewährt sich schon seit Jahrtausenden. Bei den Ägyptern galt die **Echte Kamille** als Blume des Sonnengottes, bei dem Germanen als die des Lichtgottes. Später sah man sie als die Königin der Heilkräuter an. Das „Kraut der Mütter" hilft bei Menstruationsbeschwerden, Schlafstörungen, Magenkrämpfen und Blasenleiden. Umschläge heilen entzündete Augen, Wunden und Zahnschmerzen. Dampfbäder lindern Schnupfen. Nach altem Brauch soll man Kamillen an Johanni, dem 24. Juni, pflücken. Um Sonnwend wirken sie besonders gut. Wie wir heute wissen, hat die Kamille dann die meisten Wirkstoffe.

▸ Korbblütler
▸ Mai bis September
▸ 20 – 50 cm

Merkmale
Aromatisch duftende Pflanze; Blätter wechselständig, einzelne Teilblättchen sehr schmal; Blütenkörbchen mit weißen Zungenblüten außen und innen gelben Röhrenblüten.

Huflattich
Tussilago farfara

- **Korbblütler**
- **Februar bis April**
- **10 – 30 cm**

Merkmale
Stängel zur Blütezeit nur mit rotbraunen Schuppen besetzt; Blätter erscheinen erst nach der Blüte, sind lang gestielt, hufeisenförmig und auf der Unterseite weißfilzig; gelbe Körbchenblüten.

Erst Blüten, dann Blätter
Der Huflattich entfaltet seine Blüten mit den ersten warmen Sonnenstrahlen im Frühling. Sein Blütenstängel ist blattlos. Die Blätter des Huflattich entwickeln sich erst im Mai. Deshalb hat die Pflanze im Volksmund den Beinamen „Der Sohn vor dem Vater".

In Frankreich tragen viele Apotheken den Huflattich als traditionelles Zeichen in ihren Geschäftsschildern. Selbst Wände und Fenster sind mit Bildern dieser Pflanze geschmückt. Man bezeichnet **Huflattich** als „Gold der Lunge", weil er entzündete Schleimhäute heilt und stärkt. Lange vor dem Gebrauch des Tabaks rauchte man gedörrte Huflattichblätter in Tonpfeifen. So lange, bis der Rauch alle Blutgefäße und den Magen durchdringt, erzählte Marcellus Emspiricus im 5. Jahrhundert v. Chr. In heutigen Mitteln werden neben den Blüten vor allem die Laubblätter verwendet. Diese liefern getrocknet und zu Tee verarbeitet bewährte schleimlösende Hustenmittel. In England beobachtete man, dass Stieglitze mit den flaumigen Blättern ihre Nester auspolstern.

Wetterbotin im Blumenbeet

„Wenn Ringelblumen morgens nach 7 Uhr noch geschlossen sind, dann regnet es bestimmt an diesem Tag. Gehen sie aber zwischen 6 und 7 Uhr auf, regnet es sicher nicht." Das beobachtete Sebastian Kneipp und betrachtete die Ringelblume deshalb als Wetterbotin.

Garten-Ringelblume
Calendula officinalis

- Korbblütler
- Mai bis September
- 20 – 50 cm

Merkmale
Aromatisch duftende Pflanze mit klebrigem Stängel und länglich-ovalen, dicht behaarten Blättern; 4–7 cm breite Körbchenblüten, gelb bis orange.

Götterstatuen in Indien tragen oft einen Kranz aus Ringelblumen um den Hals. So ehrt man dort die gute Wirkung dieser „Niewelkblume". Möglicherweise ist Indien auch ihr Ursprungsland. Heute ist sie weltweit verbreitet. Lange vor den Tulpen standen in Holland große Kisten mit getrockneten Ringelblumenblüten zum Verkauf bereit. Sie wurden benötigt, um Getränke zu färben, Suppen zu würzen und sogar um Ringelblumenkäse herzustellen. Die **Ringelblume** wird innerlich und äußerlich angewendet. Sie ist noch vielfältiger einzusetzen als die geschützte und giftige Arnika. Pfarrer Kneipp schwärmte von ihr, sie sei eine Heilpflanze ersten Ranges gegen Geschwüre und reinige das Fleisch. Aber sie kann noch mehr: In die Fußspuren des Liebsten gepflanzt, welkt die Liebe nie mehr.

Gewöhnliche Schafgarbe
Achillea millefolium

- Korbblütler
- Juni bis Oktober
- 20 – 60 cm

Merkmale
Stängel kantig, in Bodennähe kahl, im oberen Teil dicht behaart; Blätter wechselständig, duften sehr intensiv; Blüten weiß, bilden einen doldenartigen Blütenstand.

Tausend Blätter heilen Wunden

Auf die Verwendung der Schafgarbe als Wundkraut weisen viele volkstümliche Namen hin. In Frankreich heißt sie „Herbe de Saint Joseph" oder „Zimmermannskraut", in Estland „Tausendblättriges Soldatenkraut" oder „Beilhiebkraut" und in Friesland „Wundheiler".

Wenn Schafe krank werden, fressen sie bevorzugt Blüten und Blätter der **Schafgarbe**. Das beobachteten Schäfer schon vor langer Zeit. Bereits im Mittelalter stand das Wort „garwe" für Gesundmachen. Die Schafgarbe heilt aber nicht nur Schafe, sondern schon immer auch Menschen. Das in unzählige Blättchen aufgegliederte Blattgrün enthält reichlich Inhaltsstoffe zur Wundheilung. Im Hochsommer als blühende Pflanze geerntet und an einem schattigen Ort getrocknet, war sie das Wundheilmittel schlechthin. Die Alten rieten, dass immer ein Strauß Schafgarbe zur Sicherheit in der Werkstatt hängen sollte. Und Pfarrer Kneipp riet: „Viel Unheil blieb den Frauen erspart, würden sie ab und zu einmal nach der Schafgarbe greifen." Nicht umsonst heißt sie in Österreich „Bauchwehkraut".

Die Pflanze des Feuers

„Rein die Nessel, Ampfer raus, Ampfer treib die Nesseln aus." Dieser englische Spruch verrät das Heilmittel gegen die Hautreizung der Brennnessel: Man lege ein Ampferblatt darauf. Das wächst meist direkt in der Nachbarschaft von Brennnesseln.

Große Brennnessel
Urtica dioica

▸ Brennnesselgewächse
▸ Juni bis September
▸ 30 – 150 cm

Merkmale
Stängel aufrecht, kantig, unverzweigt, ebenso wie die Blätter dicht mit Brennhaaren besetzt; männliche und weibliche Blüten auf verschiedenen Pflanzen, männliche Blüten aufrecht, weibliche hängend.

Albrecht Dürer malte einen himmelwärts fliegenden Engel mit einer **Brennnessel** in der Hand. Das Bild ist Ausdruck der mittelalterlichen Wertschätzung dieser Pflanze. Rudolf Steiner nannte sie einen „Allerweltskerl". Tatsächlich wird die Brennnessel in allen Kulturen geschätzt. In Irland bringt eine Brennnesselsuppe im Frühling den Kreislauf in Schwung. Für Inder und Tibeter ist sie eine heilige Pflanze und Wegweiser zum Himmel. Für alle Kräuterkundigen ist das Kraut „der große Heiler". Es hilft gegen so vieles. In mittelalterlichen Klöstern dagegen waren Brennnesselsamen strikt verboten, weil sie feurig in der Liebe machen. Brennnesselsamen enthalten wertvollste Mineralien, Vitamine und Pflanzenhormone. Wahrscheinlich sind sie dem teuren Ginseng aus Korea mindestens ebenbürtig. Diese Pflanzen entziehen dem Boden Stickstoff. Deshalb sind sie gute Wegbereiter für Wildblumengärten.

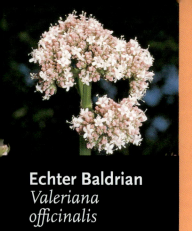

Echter Baldrian
Valeriana officinalis

- Baldriangewächse
- Juli bis September
- 70 – 150 cm

Merkmale
Stängel gerillt; Blätter unpaarig gefiedert, bestehen aus 11–23 schmalen Teilblättchen; Blüten zartrosa bis weiß, stehen zahlreich in einem halbkugeligen, doldenartigen Blütenstand am Stängelende.

In der Wurzel liegt die Kraft
Baldrianwurzeln sind reich an ätherischen Ölen, die beruhigend auf das Nervensystem wirken. Diese nervenberuhigende Wirkung wurde erst zu Beginn des 17. Jahrhunderts bekannt, als der Italiener Fabio Colonna mit Baldrian sogar seine Epilepsie mildern konnte.

Das bekannte Beruhigungsmittel raubt Katern den Schlaf. Was auf uns beruhigend und krampflösend wirkt, ist für Stubentiger eine starke Droge. Die Isovaleriansäure aus den Wurzeln übt auf die Kater diese stark anziehende Wirkung aus, da der Geruch dem läufiger Katzen entspricht. Selbst getrocknete Wurzeln riechen noch jahrelang nach Schweiß. Als Medikament gegen nervöse Magen- und Darmbeschwerden, bei nervösen Herzen und bei Erregungszuständen wirkt die Pflanze Wunder. Sie wird heute in großem Stil angebaut. Wegen seiner ungewöhnlich therapeutischen Kräfte heißt der **Echte Baldrian** in England „All heal", der Allesheiler. In einigen Häfen bekam die Pflanze den Beinamen „Drunken Sailor". Kräuterkundige Damen mischten Baldrian dem Bier bei, der zusammen mit Alkohol aphrodisierend wirkte. *Valeriana* leitet sich von „valere = gesund sein" ab.

Schmarotzer mit Heilwirkung

Als Halbschmarotzer entzieht der Augentrost mit seinen Wurzeln anderen Wiesenpflanzen, vor allem Gräsern, Nährstoffe. Seine Inhaltsstoffe wurden in der Medizin des Mittelalters zur Heilung von Augenkrankheiten verwendet. Auch heute noch ist ihre Heilwirkung unumstritten.

Großblütiger Augentrost
Euphrasia rostkoviana

- Braunwurzgewächse
- Mai bis Oktober
- 5 – 25 cm

Merkmale
Blätter gegenständig, oval bis fast rund, am Rand mit spitzen Zähnen; Blüten klein, glockenförmig, weiß, sitzen einzeln in den Achseln der oberen Blätter.

Schaut man dieser niedrigen Pflanze von oben in die Blütenkrone, könnte man meinen, man sehe in ein menschliches Auge. Selbst die Wimpern sind angedeutet. Schöne Farbflecke und Striche, die besonders den Bienen den Weg zum Nektar zeigen sollen, erinnern an geschminkte Augen. In der Volksmedizin wurde das Kraut abgekocht und bei Augenleiden angewandt. Tatsächlich enthält der **Großblütige Augentrost** das Glykosid Aucubin, das besonders bei Bindehautentzündungen der Augen hilft. Selbst heute noch sind Extrakte in Augentropfen enthalten. Ferner helfen sie bei Heiserkeit und Husten. Der Großblütige Augentrost ist häufig auf Schafweiden zu finden, auf den Nordseedeichen ebenso wie auf den süddeutschen Wacholderheiden. Er diente den Schäfern als Naturheilmittel zur Behandlung ihrer Tiere. Er wird zunehmend seltener.

Arznei-Beinwell
Symphytum officinale

- Raublattgewächse
- Mai bis Juli
- 30 – 90 cm

Merkmale
Borstig behaarte Pflanze mit langen, am Stängel herablaufenden Blättern; Blüten violett bis gelbweiß, glockenförmig, hängen nach unten, bilden einen doldenähnlichen Blütenstand am Stängelende.

Das Kraut für Wunden
Beinwellwurzeln, getrocknet und zu Salbe verarbeitet, fördern die Heilung von Knochenbrüchen. Das wussten bereits die Mönche des Mittelalters und züchteten den Beinwell in ihren Klostergärten. Damals hieß er „Comfrey" vom lateinischen „conferre" für zusammenfügen.

Dem wissenschaftlichen Namen *Symphytum officinale* ist noch mehr zu entlocken: „Symphytein" heißt im Altgriechischen „zusammenwachsen". Dieses heilende Kraut war den griechischen Soldaten als bestes Wundmittel bei Verletzungen bekannt. Der Name *officinale* belegt, dass diese Pflanze in den Klostergärten gezogen wurde, als Mönche noch die Ärzte der armen Leute waren. Auch heute noch wird ein Brei aus Wurzeln und Blättern auf schlecht heilende Wunden gelegt, wegen des Allantoingehaltes meist mit gutem Erfolg. Der **Arznei-Beinwell** ist häufig Bestandteil von Salben gegen Prellungen u. Ä.

Ampeln für Hummeln

Typisch für das Lungenkraut ist der Farbwandel seiner Blüten: Unbestäubte Blüten sind rot gefärbt, bereits bestäubte dagegen blau. Verantwortlich für diesen Wechsel in der Blütenfarbe ist eine Veränderung im Säuregrad des Zellsaftes, der nach der Befruchtung auftritt.

Echtes Lungenkraut
Pulmonaria officinalis

▸ Raublattgewächse
▸ März bis Mai
▸ 10 – 20 cm

Merkmale
Stängel, Blätter und Blütenstiele behaart; Blätter länglich-eiförmig, mit weißen Flecken auf der Oberseite; Blüten erst rot, später blauviolett, in der Form schlüsselblumenähnlich.

Der deutsche Arzt Paracelsus (1493–1541) stellte die Lehre auf, dass alle Pflanzen mit ihrem Aussehen oder Geruch eine enge Beziehung zu den Krankheiten zeigen, die sie heilen. Diese Signaturenlehre erwies sich in vielen Fällen als begründet. In den weiß gefleckten Blättern des Lungenkrautes sah Paracelsus eine Ähnlichkeit mit Lungen und empfahl einen Blattaufguss als Mittel gegen Lungenkrankheiten. Tatsächlich wird der Tee aus Blättern schon viele Jahrhunderte erfolgreich verwendet. Als Pulmona-Tee sind die getrockneten oberirdischen Teile auch heute noch im Handel und beweisen ihre reizlindernde Wirkung bei Erkrankungen der Atmungsorgane. Das **Lungenkraut** ist leicht zu finden, es blüht in Laubwäldern noch vor dem Laubaustrieb im April/Mai. Die jungen Blätter der Rosette eignen sich als Würze in Salaten und Suppen.

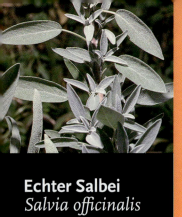

Blätter wie Eselohren

Als Wildpflanze wächst der Echte Salbei nur im Mittelmeergebiet, nördlich der Alpen wird er als Heil- und Gewürzpflanze angebaut. Ganz typisch für ihn sind seine weichen, runzeligen Blätter, die in Farbe und Form sehr an die Ohren von Eseln erinnern.

Echter Salbei
Salvia officinalis

- Lippenblütler
- Mai bis Juli
- 20 – 70 cm

Merkmale
Aromatisch duftender Halbstrauch; Stängel unten verholzt; Blätter schmal-oval, dick, weich, runzelig, unten behaart; violette Lippenblüten, bilden einen ährenartigen Blütenstand am Stängelende.

Wenn es im Hals zu kratzen beginnt, dann mit **Salbei** gurgeln. Diese alte Regel hat wohl schon jeder von seiner Großmutter gehört, und sie wird noch heute mit Erfolg angewendet. Die getrockneten Laubblätter heißen in der Apothekersprache „Salviae folium". Auch die Handelsprodukte tragen oft vom lateinischen Namen abgeleitete Bezeichnungen wie „Salviathymol" oder „Salvysat". Wirkstoffe darin sind vor allem die ätherischen Öle. Reines Salbeiöl tötet Bakterien ab. Als Gewürz gibt es vielen Fisch- und Tomatengerichten den richtigen Geschmack. Die Wärme liebende Salbeipflanze wächst im Garten gut an sonnigen Stellen, sie wuchert auch in Terrakottatöpfen und wächst schnell zum persönlichen Arzneischrank auf der Terrasse heran. Echter Salbei stand früher in jedem Bauerngarten, denn der Gattungsname *Salvia* stammt vom lateinischen Wort „salvus" für gesund.

Geschmack für den Kaugummi

Der Erfolg amerikanischer Kaugummis kam mit dem Geschmack „Spearmint". So heißt die Grüne Minze, eine der Pflanzen, die eingekreuzt wurde, um noch mehr „Mint" zu erzielen. Doch die segensreiche Wirkung der Pfeffer-Minze reicht viel weiter zurück.

Pfeffer-Minze
Mentha × piperita

Wenn sich Königin Nofretete im alten Ägypten den Magen verdorben hatte, trank sie Pfefferminztee und kaute Pfefferminzblätter. Dies können wir ägyptischen Grabbeigaben entnehmen, die den Mumien ein Weiterleben im Jenseits ermöglichen sollten. Auch Japaner pflanzen die **Pfeffer-Minze** schon seit mindestens 2000 Jahren, um Menthol, das Pfefferminzöl, zu gewinnen. In den Geschichtsbüchern gibt es kein Jahrhundert ohne Pfeffer-Minze. Man machte damit unangenehm schmeckende Medizin schmackhaft, verwendete sie in Zahnpasten oder nahm sie als Gewürz. Die heutige Pfeffer-Minze ist eine Kreuzung aus der Wasser-Minze und der Grünen Minze, deren Heimat unbekannt ist. Schon Plinius meinte, dieser Geschmack errege das Gemüt. Und der Siegeszug dieser Pflanze hält immer noch an.

▸ Lippenblütler
▸ Juni bis August
▸ 30 – 70 cm

Merkmale
Stark aromatisch riechende Pflanze; Blätter länglich-eiförmig, zugespitzt, deutlich gestielt, mit gezähntem Rand; Blüten blasslila, stehen in ährenartigen Blütenständen.

Gewöhnlicher Frauenmantel
Alchemilla vulgaris

- Rosengewächse
- Mai bis September
- 15 – 50 cm

Merkmale
Große, handförmig eingebuchtete Blätter, Blattrand mit großen Zähnen, an denen bei hoher Luftfeuchtigkeit oft Wassertropfen hängen; Blüten gelbgrün am Stängelende.

Immer mit Tauperlen
Im Mittelalter schrieben die Alchemisten den Tautropfen an den Blättern des Frauenmantels Wunderkräfte zu. Sorgsam sammelten sie jeden Tropfen, um Gold herzustellen. Auch heute noch trägt das Blatt jeden Morgen einen neuen großen Tropfen in der Mitte.

Weil die Blätter große Ähnlichkeit mit dem Mantel der Mutter Gottes hatten, glaubte man im Mittelalter, sie könnten auch gegen Frauenkrankheiten helfen. Diese Einschätzung hat sich bis heute bewahrt und die getrockneten oberirdischen Teile des **Frauenmantel**krauts werden noch immer bei Beschwerden im Klimakterium verwendet. Die Gerbstoffe und noch eine Reihe unbekannter Wirkstoffe werden auch als Tee bei Darminfektionen und in entzündungshemmenden Gurgelwassern eingesetzt. In Gebirgsgegenden gibt man die Blätter als würzende Beilage in den Salat. Auch die geheimnisvollen Tropfen in der Blattmitte wurden mittlerweile untersucht. Es sind Wassertropfen, die die Pflanze selbst an den Blatträndern ausscheidet, um ihren Wasserhaushalt zu regeln. Manchmal glänzen sie in der Morgensonne wie Gold.

Das Aspirin der Natur

1839 gewannen deutsche Chemiker aus dieser Pflanze die Salicylsäure. Sie ist eine der wirksamsten Arzneien und liefert in Form der magenverträglicheren Acetylsalicylsäure den Grundstoff des berühmten Mittels „Aspirin".

Königin Elisabeth I. von England schätzte im 17. Jahrhundert keine Pflanze mehr als das **Mädesüß**. Sie streute es in ihr Schlafgemach, weil sein Duft das Herz froh mache und die Sinne erfreuen sollte. Schon damals verwendete man einen Tee aus Blüten als Kopfschmerzmittel. Der erfrischende Geschmack der Blüten führte diese Pflanze zu großem Erfolg. Sie diente als Zusatz zu Bier und Met und gab den Getränken edle Süße. Daher leitet sich auch ihr Name ab: Mädesüß bedeutete früher „Metsüß". Heute werden die getrockneten Blüten und häufig auch das Kraut in Grippetees verwendet. Als harn- und schweißtreibendes Mittel hat das Mädesüß in der Homöopathie seinen festen Platz. Die Pflanze mit den wollfarbenen Blütenständen begleitet im Juli viele Bäche und Flüsse mit einem süßlich schweren, herben Duft.

Echtes Mädesüß
Filipendula ulmaria

▸ Rosengewächse
▸ Juni bis August
▸ 50 – 200 cm

Merkmale

Große mehrjährige Staude; Stängel kantig; Blätter unpaarig gefiedert mit großen und kleinen Teilblättchen; Blütenrispen mit zahlreichen kleinen, gelbweißen Blüten, die süß nach Mandeln duften.

Zauberblut aus goldgelben Blüten

Um das Johanniskraut ranken sich viele Sagen. Es war die Zauberpflanze des Mittelalters. Seine Blüten öffnen sich um den Johannistag, dem Tag der Sommersonnenwende. Zerdrückt man die gelben Kronblätter zwischen den Fingern, tritt ein roter Saft aus, das „Johannisblut".

Tüpfel-Johanniskraut
Hypericum perforatum

- Johanniskrautgewächse
- Juni bis September
- 30 – 60 cm

Merkmale
Stängel zweikantig, innen markig; Blätter klein, oval, gegenständig, durchscheinend punktiert; goldgelbe Kronblätter am Rand schwarz punktiert.

Die „Arnika der Nerven" wird das Kraut auch genannt und erlebt zur Zeit eine neue Blüte. Es stärkt das Nervenkostüm und gleicht Depressionen aus. Die eingefangene Kraft der Sonne liegt im Hypericin, das neben anderen Stoffen in Fertigarzneimitteln schon kurmäßig zur Behandlung nervöser Zustände verabreicht wird und auch frei im Handel erhältlich ist. Einen Nachteil hat das Hyericin: Es macht lichtempfindlich. Manche Sonnenanbeter und Solariumbesucher bekommen daher braune Flecken auf der Haut. Das **Tüpfel-Johanniskraut** wächst überall an sandigen Wegrändern und Heiden. Es war zu allen Zeiten ein heiliges Kraut, das man sehr schätzte. In einer Schrift von 1664 heißt es: „Das Kraut vertreibt Gespenster." Klassisches Rezept: Ein Teelöffel getrocknetes Kraut mit einer Tasse Wasser aufbrühen und ziehen lassen.

Grüner Weihnachtsschmuck: Von Sagen umwoben

Der Brauch, sich an Weihnachten unter einem Mistelzweig zu küssen, geht vielleicht auf eine norwegische Legende zurück: Nachdem der Gott des Friedens mit einem Pfeil aus Mistelholz getötet worden war, nahm die Göttin der Liebe die Mistel in Verwahrung, um weiteres Unheil zu verhüten.

Laubholz-Mistel
Viscum album

- Mistelgewächse
- März bis Mai
- 50 – 100 cm

Merkmale
Immergrüner Strauch, der parasitisch auf Laub- und Nadelbäumen wächst; Blätter ledrig, etwa 5 cm lang und schmal; beerenartige, weiße oder cremefarbene Früchte mit klebrigem Fruchtfleisch.

Seit Asterix und Obelix weiß es jeder: Druiden schnitten Misteln in geheimnisvollen Zeremonien mit goldenen Sicheln von den Bäumen und verwendeten sie im Zaubertrank, der magische Kräfte verleiht. Die Geschichte kennt viele Geschichten dieser Pflanze. Sie alle erzählen von der Zauberkraft der **Mistel**. Ihre Blätter und jungen Zweige enthalten das Viscin, einen Stoff, der den Blutdruck senkt. Und die Entdeckungsgeschichte der Zauberkräfte geht weiter. Die Mistel hat auch eine tumorhemmende Wirkung. Vielleicht liefert sie bald ein Mittel gegen Krebs, an dem intensiv geforscht wird. Bis dahin hilft vielleicht Küssen unterm Mistelzweig zu Weihnachten. Mittlerweile taucht jedoch ein neues Problem auf: Als Modepflanze zu Weihnachten wird sie in der Natur selten, da man sie leider nicht einfach züchten kann.

Spitz-Wegerich
Plantago lanceolata

- Wegerichgewächse
- April bis September
- 15 – 40 cm

Merkmale

Blätter mit gut sichtbaren, längs verlaufenden Adern, 10–20 cm lang, aber nur 2 cm breit; winzige braunweiße Blüten mit langen Staubfäden bilden eine Ähre am Stängelende; Blütenstängel blattlos.

Die Pflanze aller Wege

Es gibt wirklich keinen ungepflasterten Weg, auf dem der Wegerich nicht wächst. Diese trittfeste Pflanze mit ihrer schönen Blattrosette hält alles aus und ist sogar noch eine Heilpflanze. Paracelsus riet, ein Blatt in die Schuhe legen. Das erfrischt müde Füße.

Getreten wurde der **Spitz-Wegerich** schon immer. Er gehört zu den wenigen Pflanzen, die auf Wegen und Weiden Tritte von Vieh und Mensch aushalten. Im Mittelalter war sie die erste Hilfe am Wegrand. Ein Brei aus Blättern linderte Insektenstiche und geschwollene Knöchel. Kluge Wanderer legten sich Blätter in die Schuhe. Weiße Siedler schleppten Wegerichsamen in ihren Hosenaufschlägen nach Amerika ein. Die Indianer nannten den Wegerich „Die Fußstapfen des weißen Mannes". Heute kennen wir seinen Wirkstoff. Das Aucubin fördert die Wundheilung und hilft sogar bei Husten.

Blätter wie Bischofsstäbe

Die Blätter des Wurmfarns überdauern den Winter eingerollt in einer Knospe am Boden. Im Frühjahr entrollen sie sich, weil die Zellen auf der Blattoberseite schneller wachsen als die auf der Unterseite. Halb aufgerollt erinnern sie an die Stäbe von Bischöfen.

Gewöhnlicher Wurmfarn
Dryopteris filix-mas

▸ Schildfarngewächse
▸ Sporenreife Juli bis September
▸ 30 – 120 cm

Merkmale

Bis zum Herbst grüner Farn mit kräftigen, dunkelgrünen Wedeln; Sporenbehälter als kleine rundliche Häufchen auf der Unterseite der Wedel, sitzen in zwei Reihen entlang des Hauptnervs.

Friedrich der Große soll, von Bandwürmern geplagt, eine große Summe gezahlt haben, um an ein wirksames Mittel aus dem **Wurmfarn** zu kommen. Seit uralten Zeiten ist dieser Farn als Wurmmittel bekannt. Doch in der gebräuchlichen Pulverform war es nicht ungefährlich, seine Wurzeln einzunehmen. Erst im 19. Jahrhundert gelang es zwei Apothekern, mit Äther einen Extrakt herzustellen, der wirksam war. Doch auch dieser hatte Nebenwirkungen wie Sehstörungen und Erblindung. Außerdem wurde der Bandwurm nur gelähmt und musste mit Abführmitteln mühsam ausgetrieben werden. Heute wird ein Extrakt aus Wurmfarnwurzeln nur noch selten verwendet, in der Homöopathie allerdings sogar gegen Migräne. Von einer Selbstbehandlung wird dringend abgeraten. Weil der alte Glaube noch lebt, sollte man diese Pflanze kennen. Farnsporen im Schuh machen in der Johannisnacht den Träger unsichtbar.

Giftpflanzen

Eigentlich bräuchten wir uns vor den wenigen richtig giftigen Pflanzen unserer Natur nicht zu fürchten. Es sind Blumen, die auf hohen Bergen wachsen, am Mittelmeer stehen oder in fernen Ländern blühen. Doch Schönheit und Gefahr liegen oft dicht beieinander. Und so haben wir uns die giftigsten in die Städte und Gärten geholt. Der Kirschlorbeer ist ein billiger, pflegeleichter Strauch öffentlicher Anlagen, der Goldregen verschönt unsere Gärten, und den Eisenhut, die giftigste Pflanze Europas, pflanzen wir ins Staudenbeet. Wir ziehen einfach ihre Schönheit vor.

Doch ganz so einfach dürfen wir es uns nicht machen. Tödliche Unfälle durch Pflanzen nehmen bei Kindern zu und geistern wie Betriebsunfälle des Lebens durch die Presse. Das tut nicht Not. Es ist so einfach, diese Pflanzen kennen zu lernen und sie den Kindern zu zeigen. Dann muss man sie auch nicht ausrotten und vernichten.

Die zarten Glocken des Fingerhuts im Fichtenwald zu erleben, ist ein Anfang. Und die Tollkirsche auf einer Bergwanderung zu finden, ist eine Begegnung mit dem Mittelalter und der heutigen Zeit.

Bittersüßer Nachtschatten
Solanum dulcamara

▸ Nachtschattengewächse
▸ Juni bis August
▸ 30 – 200 cm

Merkmale
Stängel unten holzig, rankt an anderen Pflanzen hoch; Blätter gestielt, herzförmig; violette Blüten mit fünf ausgebreiteten Blütenblättern, Staubbeutel auffallend gelb; glänzend scharlachrote Beeren.

Violettes Gesicht, gelbe Nase, nasse Füße

Der Bittersüße Nachtschatten wächst bei uns an feuchten Stellen. Die Giftpflanze ist an ihren Blüten leicht zu erkennen: Aus den blauvioletten Blüten ragen goldgelbe, zu einem Kegel verwachsene Staubbeutel wie eine Nase hervor.

Anfangs bitter, später süß schmecken die roten Beeren des Bittersüßen Nachtschattens, und das macht ihn für Kinder so gefährlich. Alle Teile der Pflanze enthalten starke Gifte. In grünen Beeren ist ihre Konzentration am höchsten, in Stängeln und Blättern niedriger und am niedrigsten in den vollreifen Früchten. Dennoch reichen 30 Früchte für Kinder aus, um tödlich zu wirken. Das Heimtückische an dieser Pflanze sind die wechselnden Giftmengen. Es gibt stark giftige Formen und Pflanzen, die fast keine Giftstoffe besitzen. Der **Bittersüße Nachtschatten** klettert bei uns durch feuchte Hecken, rankt sich durch Auwälder oder besiedelt Teichränder. In England und Amerika macht man aus einer Kulturform, der Garten-Huckleberry, ein bittersüßes Kompott. Das sollte man bei uns nicht nachmachen. In grünen Beeren ist die Konzentration der Giftstoffe am höchsten, in roten oft sehr niedrig.

Schwarz und tödlich: die Beeren der Tollkirsche

Ihre dunkle Blüte und Beeren, die auf fünf Kelchblättern liegen, machen die Tollkirsche unverwechselbar. Man sollte Kindern diese Pflanze zeigen und sie vor dem Pflücken der Früchte warnen. Tollkirschen enthalten das Alkaloid Atropin, das zum Tod durch Atemlähmung führt.

Echte Tollkirsche
Atropa bella-donna

▸ Nachtschattengewächse
▸ Juni bis August
▸ 50 – 150 cm

Merkmale
Blätter eiförmig, spitz; Blüten braunviolette Glocken auf kurzem Stiel; Frucht eine saftige, zunächst grüne, bei Reife tiefschwarz glänzende, kugelige Beere.

„Schöne Frau" bedeutet die Bezeichnung Belladonna. Sie stammt aus einer Zeit, als erweiterte Pupillen bei Frauen das Schönheitsideal schlechthin waren. Natürlich wurde nachgeholfen, die starke Pupillenerweiterung erreichte man mit dem Blättersaft der **Tollkirsche**. Auch in der berüchtigten Hexensalbe, die zu narkotischen Rauschzuständen führte, war die Tollkirsche enthalten. Nicht selten jedoch führte falsche Dosierung zu tödlichen Unfällen. Wie immer ist die richtige Dosis entscheidend. Auch heute noch wird das Atropin der Blätter und Wurzeln in der Augenheilkunde genutzt, um die Pupillen für Untersuchungen zu erweitern. Wo findet man diese gefährliche Pflanze? Die Tollkirsche steht im Gebirge auf fast jeder Waldlichtung. Für Fasane und Drosseln sind diese Früchte offensichtlich nicht giftig.

Das letzte Lila auf der Wiese

Wenn die Wiesen gemäht und die Felder abgeerntet sind, blüht die letzte Blume des Jahres, die Herbst-Zeitlose. „Nackte Jungfrau" wird sie im Volksmund genannt, denn zur Blütezeit besitzt sie keine Blätter. Laubblätter bildet diese Pflanze nur im Frühling.

Herbst-Zeitlose
Colchicum autumnale

„Gichtblume" hieß die **Herbst-Zeitlose** in der altgriechischen Medizin, weil sie ein Naturheilmittel gegen arthritische Beschwerden war. Ihr Gift liegt vor allem in den Samen und Zwiebeln und ist unter dem Namen Colchicin bekannt. Immer wieder kommt es zu tödlichen Vergiftungen von Weidetieren, wenn eine zu späte Mahd der Wiesen als Winterheu verfüttert wird. Denn das „pflanzliche Arsen", wie das Herbstzeitlosengift auch genannt wird, zersetzt sich beim Trocknen nicht. Ohne dieses Gift allerdings wäre die moderne Pflanzenzüchtung wohl kaum möglich. Es wirkt bei der Zellteilung auf die Chromosomen, die Erbträger allen Lebens. So gelingt es mit diesem Stoff, die Chromosomen in einer Zelle anzureichern, um neue Pflanzensorten zu züchten. Auch in der Krebsforschung werden Inhaltsstoffe der Herbst-Zeitlose verwendet. Vielleicht bekommt diese Pflanze bald eine neue Bedeutung.

- Zeitlosengewächse
- August bis Oktober
- 5 – 10 cm

Merkmale
Blüten aus sechs violetten Kronblättern, die am Grund zu einer hellen Röhre verwachsen sind. Blätter ähneln Tulpenblättern, erscheinen mit dem Stängel im Frühjahr.

Blauer Eisenhut
Aconitum napellus

- Hahnenfußgewächse
- Juli bis September
- 50 – 200 cm

Merkmale
Stängel kräftig, wächst steif aufrecht; viele dicht stehende, handförmige Blätter, einzelne Blattabschnitte in schmale Zipfel zerteilt; blauviolette Blüten in dichten Trauben am Ende der Stängel.

Blaue Blumen – tödliches Gift

Es ist kaum zu glauben: Europas giftigste Pflanze wächst in fast jedem Ziergarten. Obwohl bereits das Pflücken des Blauen Eisenhutes zu schweren Vergiftungen führen kann, ist die Pflanze überaus beliebt. Vielleicht ist das schöne Blau ihrer Blüten zu verlockend.

Im Altertum benutzte man das Gift des **Eisenhut**s zur Hinrichtung von Verbrechern. Gefährliche Tiere wurden damit bekämpft und Pfeile mit dem Gift getränkt. Das tödliche Alkaloid Aconitin ist in dem knolligen Wurzelstock besonders konzentriert und gilt als das zweitstärkste Pflanzengift überhaupt. Schon 2 g der frischen Knolle bringen einen Menschen um. Warum die Pflanze dennoch den Eingang in die Arzneibücher fand, ist ihre Wirkung als Schmerzmittel bei Neuralgien. Heute wird das Aconitin wegen seiner hohen Giftigkeit fast nicht mehr verwendet. Die moderne Medizin kennt bessere Stoffe.

Riesengroß und ätzend

Um den Riesen-Bärenklau macht man am besten einen weiten Bogen. Sein Saft ist stark ätzend und verursacht in Verbindung mit Sonnenlicht auf der Haut schwer heilende, brandblasenartige Entzündungen. Besonders in den Städten sind herumtollende, spielende Kinder gefährdet.

Riesen-Bärenklau
Heracleum mantegazzianum

Pflanzen sind keineswegs so unbeweglich, wie wir oft glauben. Sie können sich über ihre Samen weit verbreiten. Ein gefährliches Beispiel solcher Neupflanzen ist der **Riesen-Bärenklau**. Die neben dem Hopfen größte wild wachsende Staude wurde als übergroße Zierpflanze aus dem Kaukasus in unsere Gärten gebracht. Doch mit ihren schwimm- und flugfähigen Samen entfloh der Bärenklau aus den Gärten und zog übers Land. In wenigen Jahren eroberte er Straßenränder, Flussufer und sogar Wasserschutzgebiete. Das Schlimme daran ist sein ätzender Stängelsaft, der bei Berührung heftige Geschwüre und Brandblasen auf der Haut erzeugt. Kinder, die mit den übergroßen Stängeln gerne spielen oder fechten, liegen danach wochenlang im Krankenhaus. Es wird wohl kaum gelingen, diesen gefährlichen, aber schönen Neubürger jemals wieder los zu werden.

- Doldenblütler
- Juni bis September
- 1 – 4 m

Merkmale

Stängel an der Basis 2–10 cm im Durchmesser, meist mit vielen weinroten Flecken; Blätter bis zu 3 m lang, unten kurz behaart; Blütendolden weiß, bis zu 50 cm breit.

Vorsicht bei Petersilie mit Knoblauchduft

Diese „wilde" Petersilie sieht der Garten-Petersilie mit glatten Blättern zum Verwechseln ähnlich. Gäbe es ihren intensiven Knoblauchduft nicht, könnte man die Hundspetersilie leicht mit dem gesunden Küchenkraut verwechseln.

Hundspetersilie
Aethusa cynapium

- Doldenblütler
- Juni bis Oktober
- 20 – 100 cm

Merkmale
Stängel oft weinrot überlaufen und bläulich bereift; Blätter oben dunkelgrün, unten hellgrün, auffallend glänzend, riechen beim Zerreiben nach Knoblauch; Blüten weiß.

Eigentlich ist die **Hundspetersilie** für uns kein großes Problem. Wer seine Petersilie im Garten pflanzt, kann dieses wohlschmeckende Gewürz auch sicher verwenden. Doch schon am Gartenzaun, am Feldrand oder unter der Fichtenhecke wächst eine wilde Petersilie. Und diese enthält ähnliche Gifte wie der Schierling. Eine gute Möglichkeit, die Hundspetersilie zu erkennen, ist es, ein Blatt zu zerreiben. Es riecht unangenehm nach Knoblauch und Mäuseharn. Diese Pflanze aus dem Wohnbereich zu verbannen, ist leider nicht möglich. Sie ist auf nährstoffreichen Böden sehr konkurrenzstark und verbreitet sich über wuchernde Wurzeln und schwimmende Samen, die jeder Regen mit sich nimmt. Die Hundspetersilie ist sehr vielgestaltig: am Ackerrand über 1 m hoch, auf steinigen Böden nur 10 cm groß.

Mäusegeruch am Straßenrand

Der Gefleckte Schierling wächst fast überall in Europa an Straßen, Gräben und auf Wiesen. Er ist eine der giftigsten Pflanzen, die wir kennen. Aber an seinem üblen Mäusegeruch kann man ihn gut von anderen, harmlosen Doldenblütler unterscheiden.

Gefleckter Schierling
Conium maculatum

- Doldenblütler
- Juni bis August
- 100 – 200 cm

Merkmale

Ganze Pflanze riecht unangenehm nach Mäuseharn; Stängel fein gerillt, blau bereift, unten rot gefleckt; Blätter weich und schlaff; Blütendolden weiß; Frucht 3 mm dick, eiförmig.

Der Arzt Gmelin beschrieb 1803 voller Entsetzen, wie Mädchen mit Hingabe am Gefleckten Schierling naschten. Diese gefährliche, weiße Doldenpflanze war noch Anfang des 19. Jahrhunderts ein Hexenkraut mit geheimnisvoller Wirkung. Sie galt als Verhütungsmittel der Indianer, als Schmerz- und Betäubungsmittel und sollte bei Frauen große Brüste vermeiden. Berühmt ist der **Gefleckte Schierling**, seit Sokrates mit einem Trank aus dem Saft zum Selbstmord gezwungen wurde. Heute ist der Gefleckte Schierling eine häufige Pflanze, die Dorfränder, die Umgebung alter Häuser und Gräben bewächst.

Roter Fingerhut
Digitalis purpurea

- Braunwurzgewächse
- Juni bis August
- 50 – 150 cm

Merkmale
Stängel dicht behaart; Blätter unten graufilzig; Blüten rot, innen mit violetten, weiß umrandeten Flecken, bilden lange Trauben, die von unten nach oben blühen, je Traube 50–120 Blüten.

Der Handschuh des Fuchses

„Foxglove" oder „Handschuh des Fuchses" nennen die Engländer den Roten Fingerhut und weisen damit auf seinen Standort hin. Diese Pflanze wächst überall dort, wo der Boden locker ist: auf Kahlschlägen, frisch gerodeten Waldlichtungen und manchmal auch vor Fuchsbauten.

In England hat der **Fingerhut** noch einen zweiten Namen, der weniger charmant ist: „dead men's bell" – die Totenglocke. Und auch das hat seine Berechtigung. Aber das Gefährliche und das Gute liegt selten so nahe zusammen wie beim Fingerhut, denn die schöne Pflanze liefert auch ein wirksames Mittel gegen Herzschwäche. Nimmt man die Fertigarzneimittel aus Gewohnheit jedoch zu lange, kann sich im Körper eine giftige Dosis des Wirkstoffes (Digitoxin) anreichern. Deshalb bei Digitalispräparaten regelmäßig den behandelnden Arzt befragen. Erstaunlicherweise wurde die herzstärkende Eigenschaft des Fingerhutes erst 1775 entdeckt.

Früchte wie Don Camillos Hut

Im Herbst leuchten die roten Fruchtkapseln des Pfaffenhütchens überall aus Waldrändern und Gebüschen. Sie erinnern in ihrer Form an das Birett eines katholischen Priesters. In größeren Mengen gegessen können sie bei Mensch und Tier zu tödlichen Vergiftungen führen.

Gewöhnliches Pfaffenhütchen
Euonymus europaea

- Spindelbaumgewächse
- Mai bis Juli
- 1,5 – 6 m

Merkmale
Sommergrüner Strauch; junge Zweige grün, vierkantig; Blätter 4–10 cm lang und spitz; Blüten grüngelb, vier Blütenblätter; Frucht eine purpurrote, vierkantige Kapsel; Samen von orangerotem Mantel umgeben.

„Wenn jemand drey oder vier Beerlein einnimmt, sollen sie oben und unden austreiben", heißt es in einem Kräuterbuch von 1731. „Der Strauch sey derowegen nicht zu gebrauchen", ist die abschließende Beurteilung. Aus dem harten Holz machte man lediglich Spindeln für das Spinnrad. Heute ist das **Pfaffenhütchen** ein typischer Heckenstrauch und steht in vielen Gärten als Einfriedung. Seine Früchte sind ein auffälliger und ungewöhnlicher Herbstschmuck. Und gerade hierin liegt vielleicht die Gefahr. Spielende Kinder finden die Früchte interessant und kommen auf die Idee, sie zu probieren. Drei oder vier Beeren sind kein Problem, wie das Kräuterbuch verheißt. Aber in größeren Mengen können sie tödlich sein. Eine aufklärende Exkursion mit Kindern zu dem Strauch ist wohl der beste Schutz. Er wächst in jedem Park und steht oft schon am Spielplatz.

Gewöhnlicher Goldregen
Laburnum anagyroides

▶ Schmetterlingsblütler
▶ Mai bis Juni
▶ 1,5 – 7 m

Merkmale
Strauch mit grüner, längs gestreifter Rinde; Blätter lang gestielt; Blüten goldgelb, hängen zu 10–25 in langen Trauben; braune, behaarte Hülsenfrucht, 7 cm lang, aber nur etwa 7 mm breit.

Giftig wie Strychnin

Wegen seiner dekorativen Blüten ist der Goldregen eine beliebte Zierpflanze. In kaum einem Garten fehlt er. Aber Vorsicht: Alle seine Teile enthalten giftige Alkaloide. Seine Früchte und Samen sind daher heimtückisch.

Goldgelb schüttet der **Goldregen** sein Blütenmeer in den sommerlichen Garten. Seit dem 16. Jahrhundert ist dieser Strauch aus dem Mittelmeergebiet wohl die beliebteste Zierpflanze bei uns. Im August wirft der schnell wachsende Strauch seine Hülsenfrüchte mit den Samen zu tausenden ab. Und dann kommt es immer wieder zu Vergiftungen. Hätten wir es nicht selbst erlebt, könnte man es kaum glauben. Kinder sammeln die Samen für ihre Puppenküche, weil es „schöne kleine Erbsen" sind. Das schwer giftige Cytisin darin ruft zwar großes Würgen und Erbrechen hervor, aber seine Wirkung ist bei Kindern oft schneller als die natürliche Schutzreaktion. Das Erbrechen mit Salzwasser herbeizuführen, ist eine Notmaßnahme. Die Pflanze den Kindern zu zeigen, ist sicherlich der bessere, vorbeugende Weg. Im Hochsommer knacken die reifen Hülsen in der Sonne und springen auf. Dann ist der Goldregen auch zu hören.

Der riskante Modestrauch

Es gibt kaum eine öffentliche Grünanlage, die in den letzten Jahren nicht mit dem giftigen Kirschlorbeer bepflanzt wurde. Der Strauch ist zwar sehr pflegeleicht, für Kinder aber lebensgefährlich und sollte aus unseren Anlagen verschwinden.

Kirschlorbeer
Prunus laurocerasus

▸ Rosengewächse
▸ April bis Mai
▸ 2 – 5 m

Merkmale
Strauch mit immergrünen, ledrig glänzenden Blättern; Blüten weiß, stehen in aufrechten, fingerlangen Trauben; erbsengroße Steinfrüchte, verfärben sich während der Reife von rot nach schwarz.

Kaum ein Jahr, in dem geheimnisvolle Todesfälle von Kindern nicht durch die Presse gehen. Oft stellen sie sich als „Kirschlorbeerfälle" heraus. Einmal hatte sich ein Kind im Kinderwagen beim Vorbeifahren ein Blatt gepflückt und unbemerkt darauf gekaut. In den Blättern lauert die Blausäureverbindung Prulaurasin, die über den Speichel schnell tödlich wirken kann. Allerdings ist sie auch Heildroge. Das daraus gewonne „Kirschlorbeerwasser" verwendete man früher bei starkem Husten und Verkrampfungen. Warum der gefährliche **Kirschlorbeer** so gedankenlos in öffentliche Anlagen gepflanzt wird? Er ist billig zu züchten und äußerst pflegeleicht.

Feldfrüchte

Woher kommen eigentlich Getreide, Zucker oder Bier? Wann haben Menschen zum ersten Mal Roggen bewusst angebaut?

Die Spurensuche ist eine spannende Reise in die Geschichte der Menschheit. Die meisten Feldfrüchte entdeckten die Menschen, als sie ein Zubrot zum tierischen Fleisch brauchten und suchten. In Vorderasien fanden sie wilde Gräser, deren Körner man essen und dauerhaft anbauen konnte. Mit der Völkerwanderung kamen Getreidesorten nach Mitteleuropa und ließen Menschen zu sesshaften Ackerbauern werden. Die ersten Getreidefelder entstanden vor gut 9000 Jahren. Das erste Bier brauten wohl die Ägypter. Und mit Kolumbus kamen Kartoffeln und Mais nach Mitteleuropa.

Heute kommt das Brot vom Bäcker, und die Kartoffeln liegen im Supermarkt. Doch wir fahren täglich durch unsere Kulturlandschaft und sehen blühende Felder nur aus der Ferne. Doch was wir essen, sollten wir auch kennen.

Mais
Zea mays

- Süßgräser
- Juli bis September
- 1,5 – 2,5 m

Merkmale

Stängel mit Mark gefüllt; Blätter dunkelgrün, bis zu 100 cm lang; männliche Blüten an der Spitze der Pflanze, weibliche als Kolben in den Blattachseln.

Das Gras des Kolumbus

Bei seiner ersten Fahrt nach Amerika im Jahr 1492 entdeckte Kolumbus auf Kuba und Haiti Felder mit riesigen Grasstängeln, dem Mais. Er nahm Körner mit nach Spanien. 1525 wurde er in Andalusien erstmals angebaut. In der Pfanne springen die Körner zu Popkorn auf.

Die nomadisch lebenden Indios entdeckten das Wildgras Teosinte, das sich als Nahrungsergänzung zu Fleisch leicht anbauen ließ. Bald kultivierten sie dieses Gras als Urmais und wurden sesshaft. Doch trotz großer Erträge stellte sich der **Mais** als nicht gerade nahrhaft heraus. Bei ausschließlicher Ernährung von Mais kam es zu Vitaminmangel. Die Bewohner Mittelamerikas lösten das Problem, indem sie Tortillas backten. Dabei behandelten sie Maismehl mit Kalkwasser und gewannen das gewünschte Vitamin Niacin. Heute gibt es weltweit unzählige Zuchtsorten, die Puffmais, Zuckermais oder vitaminreiches Keimöl liefern. Das Maisstroh dient nur als Viehfutter, lediglich einige zarte Blätter sind das Ausgangsmaterial für Zigarettenpapier. Heute gibt es mehr als 3000 Maissorten.

Brot, das in der Kälte wächst

Roggen wird fast ausschließlich als Wintergetreide angebaut und Ende September gesät. Er braucht einen feinkrümeligen Acker, damit die Saat nicht zu tief in den Boden rutscht. „Der Roggen will den Himmel sehen und die Glocken läuten hören", heißt es auf dem Land.

Roggen
Secale cereale

- Süßgräser
- Mai bis Juni
- 60 – 200 cm

Merkmale
Halme ziemlich kräftig, im oberen Teil dicht behaart; Blätter mit einem wachsigen Überzug bläulich bereift; Ähren 5–20 cm lang, hängen zur Reifezeit leicht über, Grannen (Ährenborsten) 2–8 cm lang, kräftig.

Mehr als 1000 Jahre war der **Roggen** das wichtigste Brotgetreide, bis er in unserer Zeit vom Weizen verdrängt wurde. Er kam aus dem Orient und begann dann, in die Emmer- und Gerstenfelder einzudringen. Wegen seiner Anspruchslosigkeit war er um 6600 v. Chr. nur Unkrautgetreide. Die ersten Kulturen kamen mit den Römern. Im Mittelalter wurde jedes Brot aus Roggenmehl gebacken. Sein Vorzug liegt darin, dass Roggenbrot die Feuchtigkeit lange hält und nicht so schnell austrocknet wie Brot aus Weizen. Roggenbrot vermischt mit Sauerteig ist ein typisches Vorratsbrot.

Selten und äußerst wertvoll

Zum Backen eignet er sich nicht, da das Haferkorn wenig Kleber besitzt. Aber wegen seiner acht lebenswichtigen Aminosäuren und wertvollen ungesättigten Fettsäuren liefert der Hafer hochwertige Kraftnahrung.

Saat-Hafer
Avena sativa

- Süßgräser
- Juni bis August
- 60 – 150 cm

Merkmale
Einzige Getreideart, bei der die Körner nicht in Ähren stehen, sondern in Rispen hängen; Halm kräftig und glatt; Blätter gelbgrün, auf beiden Seiten rau, zugespitzt.

Die Menschen vor 7000 Jahren hatten sich den **Hafer** als Anbaugetreide nicht extra ausgesucht. Er kam buchstäblich mit dem Wind. Schon die Emmerfelder besetzten die beiden Arten Flug- und Taub-Hafer als hartnäckiges Unkraut. Erst um die Zeitenwende baute man den Hafer rein an. Seine besten Wachstumsgebiete lagen in Norddeutschland und Dänemark. Heute wird der gesunde und wertvolle Hafer kaum als Brotgetreide genutzt. Eher bekommen Reitpferde dieses Kraftfutter. Der früheste Nachweis von einem rein angebauten Haferfeld stammt aus dem Landkreis Lüneburg und wird auf das 1. Jahrhundert v. Chr. datiert. Die Uhr der Archäologen zur Zeitbestimmung sind historische Keramikschüsseln. Form und Bemalung lassen sich nämlich genau datieren. Doch der Hafer kommt wieder – als Flocken im Müsli.

Das wichtigste Getreide der Welt

Rund 1% der Erdoberfläche sind Weizenfelder. In der Weltgetreideproduktion steht Weizen vor Reis und Mais an erster Stelle. Heutige Weizenkörner enthalten über 70% Stärke. Ihr Mehl ist sehr kleberreich und eignet sich hervorragend zum Backen von Brot.

Saat-Weizen
Triticum aestivum

▸ Süßgräser
▸ Juni
▸ 60 – 120 cm

Merkmale
Blätter dunkelgrün, schmal, zugespitzt; Ähren bis 10 cm lang, regelmäßig vierkantig, stehen bei manchen Sorten bis zur Reife aufrecht, bei anderen hängen sie in kurzem Bogen über, Körner goldgelb.

Die Suche nach dem ältesten Getreide, das Menschen anbauen, ist ein spannendes Puzzle. In den Keramikscherben, die Töpfer vor 9000 Jahren während der Jungsteinzeit brannten, fanden sich Spelzen des Einkorn-Weizens. Im Lehmputz israelischer Häuser der gleichen Zeit entdeckte man Spelzen des Emmers. Erstaunlicherweise gibt es im Nahen Osten noch heute fünf Wildweizenarten, von denen diese Urweizenformen abstammen. Emmer und Einkorn hatten aber einen Nachteil, sie taugten wenig zum Backen. In süddeutschen Pfahlbausiedlungen fand man schließlich den Hart-Weizen, einen Emmerverwandten mit mehr Kleber. Erst mit diesem Hart-Weizen war die Herstellung von Pizza und Spaghettis möglich. Der moderne **Saat-Weizen** entstand durch weitere Kreuzungen. Heute werden kurzhalmige, körnerreiche Sorten angebaut, die leider sehr anfällig gegen Mehltau und andere Pilze sind.

Lange Grannen, gutes Bier

Ein Brotgetreide war die Gerste in Mitteleuropa nur im Norden. Meist wurde sie nur als Futtergetreide fürs Vieh verwendet. Doch dann kam ihr Aufstieg. Aus Gerstenkörnern konnte man Bier herstellen. Die Wiege des Biers liegt wahrscheinlich in Ägypten.

Saat-Gerste
Hordeum vulgare

- Süßgräser
- Juni
- 60 – 120 cm

Merkmale
Feste Halme, Blätter etwa 40 cm lang, zugespitzt, schlaff überhängend; Ähre zwei- oder mehrzeilig, zunächst aufrecht, hängt zur Fruchtreife in weitem Bogen über.

Die ältesten Gerstenkörner wurden in einer Höhle in Griechenland gefunden und sind etwa 8000 Jahre alt. Die Menschen aßen damals einen Brei aus Wildgerste, Linsen und Erbsen. Der Halsschmuck einer ägyptischen Mumie erzählt uns, wie es mit der **Gerste** weiterging. Aufgefädelt war gekeimte Malzgerste, wie man sie zum Bierbrauen verwendet. Seitdem finden wir bei Ausgrabungen zwei Gerstenformen: die zweizeilige zum Bierbrauen, die vierzeilige als Viehfutter. Bierbrauer brauchen besondere Gerstensorten mit bauchigem Korn, geringem Eiweißgehalt und möglichst viel Stärke. Vor dem Brauen bringt man die Gerste zum Keimen. Dabei spaltet ein Enzym die Stärke in süßen Malzzucker. Nach dem Trocknen kocht man sie mit Hopfen zur „bitteren Würze", die dann mit Hefe zum Bier vergoren wird.

Raps
Brassica napus
ssp. *oleifera*

▶ Kreuzblütler
▶ Mai
▶ 50 – 200 cm

Merkmale
Stängel reich verzweigt; Blätter blaugrün, umfassen den Stängel zur Hälfte; gelbe Blüten in einem traubenähnlichen Blütenstand am Ende der Stängel; bleistiftdicke Schoten mit jeweils etwa 30 Samen.

Das Gold des Nordens

Im Mai ist Schleswig-Holstein am schönsten. Dann blüht der Raps, das „Gold des Nordens", und man kann auf dem flachen Land ein Zusammenspiel schönster Farben bewundern: das Gelb endloser Felder, das Grün langer Heckensäume und darüber ein strahlend blauer Himmel.

Woher der **Raps** stammt, weiß niemand ganz genau. Er ist eine Kohlrübe, die möglicherweise im Mittelmeergebiet zu Hause war. Wahrscheinlich kochten die Griechen die rübenartigen Wurzeln und machten sie in Salzwasser ein. Wenn die Pflanze blüht, hat sie den größten Teil der Rübe aufgezehrt, deshalb ist ihre Herkunft als Kohlrübe nicht so leicht zu erkennen. 1935 zog ein Japaner die ersten Rapspflanzen aus einer künstlichen Kreuzung zweier Steckrüben. Heute wird wieder intensiv am Raps geforscht, um noch ölhaltigere Formen zu erzeugen. Besonders wichtig dabei ist es, den Gehalt der lebensnotwendigen Linolsäure zu fördern. Als nachhaltiger Rohstoff soll Rapsöl als Dieselersatz größere Marktanteile erreichen. Schon heute fahren Autos mit Rapsöl, doch aus dem Auspuff riecht es noch nach Pommes frites. Im „Steckrübenwinter" nach dem Krieg hat diese Pflanze vielen das Leben gerettet.

Die Blume, die ihren Kopf nach der Sonne dreht

Mehr als 1000 Blüten treffen sich im Blütenkorb der Sonnenblume und bilden eine Einheit. Die gelben Randblüten locken Insekten an, aus den braunen Röhrenblüten in der Mitte entwickeln sich die Sonnenblumenkerne. Täglich dreht sich der Blütenkopf mit der Sonne.

Gewöhnliche Sonnenblume
Helianthus annuus

- Korbblütler
- Juli bis September
- 1–2,5 m

Merkmale
Einjährige Pflanze mit großen, herzförmigen Blättern; Blütenstand als Scheibe von 6–45 cm, tiefgelbe, zungenförmige Blüten am Rand, braungelbe Röhrenblüten im Inneren.

Die Blume der Sonne kannten die Indianer Nordamerikas bestens. Sie nutzten das wertvolle Öl in den Körnern als pflanzliche Ergänzung zur Fleischnahrung. Wenig später, nach der Entdeckung Amerikas, kam diese aufregend große Pflanze nach Spanien und wurde als Zierpflanze gehalten. Mit ihrer Wuchshöhe von bis zu 4 m galt sie als Wunderblume, die sich in nur einem Jahr aus einem kleinen Kern entwickelt. Der Wettstreit um die höchste **Sonnenblume** Deutschlands wird heute noch jedes Jahr neu entschieden. Beachtlich ist der Nährstoffgehalt ihres wertvollen Öles. Es liefert die Linolsäure, den wichtigsten Bestandteil für die Margarineherstellung. Der Presskuchen ist Kraftfutter für das Vieh. Viele Vögel haben sich auf Sonnenblumenkerne als Winterfutter spezialisiert.

Zucker aus heimischem Boden

Bis ins Mittelalter gab es in Deutschland nur Honig zum Süßen. Mit der Entdeckung des Seeweges nach Asien kam der Rohrzucker dazu. Aber der galt als Luxusartikel und war nur in Apotheken zu haben. Dann baute der preußische König die erste Zuckerrübenfabrik.

Zuckerrübe
Beta vulgaris

- Gänsefußgewächse
- Juli bis August
- 50 – 180 cm

Merkmale
Zweijährige Pflanze, blüht erst im zweiten Jahr; große, wellige Blätter; Blüten grün, unscheinbar; verdickte Wurzel mit weißer Schale und weißem Fruchtfleisch.

Wahrscheinlich verdankt die **Zuckerrübe** ihren Aufschwung indirekt dem Franzosenkaiser Napoleon. Seine Kontinentalsperre im Jahre 1806 stoppte die Rohrzuckerlieferungen aus England, und man sah sich vermehrt nach heimischen Zuckerquellen um. Zuvor hatte ein Berliner Apotheker entdeckt, dass Runkelrüben Zucker enthalten. 1802 baute der preußische König in Schlesien die erste Fabrik. Doch die Rübe gab noch zu wenig her. Erst durch Züchtungen gelang es, den Zuckergehalt deutlich zu steigern. Doch woher kommt die Zuckerrübe? Wahrscheinlich ist ihre Stammform in Norddeutschland zu Hause. Auf Helgoland entdeckte man eine Wildform, die heute unter strengem Schutz steht. Von dieser Meerstrandrübe gibt es mittlerweile zahlreiche Zuchtformen, wie den Mangold, der als Blattgemüse gerade in Mode kommt.

Oben giftig – unten tolle Knolle

Alle oberirdischen Teile der Kartoffel enthalten das Alkaloid Solanin in schädlichen Konzentrationen. Die unterirdischen Knollen dagegen sind sehr wertvoll. Sie liefern Stärke, Eiweiß, Vitamine und Mineralstoffe und sind kalorienarm. Die tolle Knolle stammt aus Südamerika.

Kartoffel
Solanum tuberosum

▸ Nachtschattengewächse
▸ Juni bis Juli
▸ 30 – 100 cm

Merkmale
Kulturpflanze mit unterirdischen Knollen, in über 1000 Sorten angebaut. Blüte je nach Sorte weiß, grün, rot oder blauviolett, glockenblumenähnlich, mit fünf Zipfeln; Früchte sehr giftig.

Friedrich der Große hatte während der Schlesischen Kriege ein dickes Problem. Hunger herrschte im Land, obwohl die **Kartoffel** längst eingeführt war. Aber keiner wollte sie essen, weil die oberirdischen, giftigen Beeren immer wieder zu Todesfällen führten. Erst als Soldaten die Felder bewachten, kam der Durchbruch der Kartoffel als Volksnahrungsmittel. „Watt de Buer nich kennt, dat frett he uk nich", ist noch heute ein gängiges Sprichwort. Insgesamt dauerte es wohl 100 Jahre, bis die Kartoffel als Grundnahrungsmittel angesehen war. Mit vielen Züchtungen gewöhnte man ihr den kratzigen Geschmack ab, den die Knollen der Inkas noch an sich hatten. Die neuen tollen Knollen gibt es in vielen Sorten von fest kochend bis mehlig. Kartoffeln sind das gesündeste Lebensmittel überhaupt. Die Kartoffel ist eine der fünf Pflanzen, die die Welt eroberten. Ein Vermächtnis der Inkas.

Lieblingspflanze der Hummeln
Der zarte Duft einer Kleewiese lockt viele Insekten an. Aber nur Insekten mit einem langen Rüssel, wie viele Hummeln, können den Nektar aus den langen Blütenröhren saugen. Hummeln sind auch die Bestäuber des Rot-Klees.

Rot-Klee
Trifolium pratense

▸ Schmetterlingsblütler
▸ Juni bis September
▸ 20 – 80 cm

Merkmale
Mehrjährige, tief wurzelnde Pflanze; dreizählig gefiederte Blätter (tres = drei, folium = Blatt); rote Blütenköpfe; Hülsenfrucht mit violetten, braunen oder gelben Samen.

Der berühmte Naturforscher Charles Darwin überlegte, woher die Größe der einstigen Großmacht England komme. Alles hinge am **Rot-Klee** und an alten reizenden Damen, befand der nachdenkliche Forscher: Wenn der Rot-Klee reich blühen soll, damit das Weiderind gutes Fleisch ansetzt, das den Matrosen auf den Schiffen reichlich Muskeln zum Kampf in den Kolonien bringt und somit wiederum Wohlstand und Macht, dann komme es auf den Rot-Klee an. Wenn er reich blühen soll, muss es viele Hummeln zur Bestäubung geben. Damit diese nicht von allzu vielen Spitzmäusen gefressen würden, müssten Katzen diese kurz halten. Katzen in ausreichender Zahl gäbe es jedoch nur, wenn es den reizenden „old english ladies" an nichts fehle. In Kurzform: Old english ladies gut, Rot-Klee gut, England gut. Wo irrte sich Darwin?

Das zarteste Blau auf dem Feld

Die zartblauen Blüten des Leinkrauts öffnen sich an jedem sonnigen Morgen. Meist fallen die Blütenblätter bis zum Abend des gleichen Tages ab. Doch eine neue Generation zarter Blüten wächst nach. Leinfelder blühen wochenlang.

Saat-Lein, Flachs
Linum usitatissimum

- Leingewächse
- Juni bis Juli
- 25 – 80 cm

Merkmale
Blätter wechselständig, schmal, bis 4 cm lang; Blütenstiele länger als das Blatt, Blüten zartblau (selten auch weiß), mit fünf Blütenblättern; Fruchtkapsel enthält acht bis zehn glänzend braune Samenkörner.

Der **Flachs** oder **Lein** ist eine der ältesten Kulturpflanzen Europas und des Vorderen Orients. Mumien ägyptischer Pharaonen waren mit Binden aus Leinfasern umwickelt und Grabbeigaben zeigen, dass man damals Kleider aus Flachs trug. Außerdem fand man ein Gefäß voller Leinsamen als Wegzehrung für die Reise ins Jenseits. Im Mittelalter war Faserlein in Deutschland das wichtigste Handelsprodukt. Man webte daraus haltbare Kleidung. Heute gewinnt der Öl-Lein, eine weitere Nutzungsform, wieder an Bedeutung. Seine Samen werden in Ölmühlen gemahlen, als Speiseöl angeboten oder in der Medizin verwendet. In Osteuropa mengt man Leinöl den Anstrichfarben bei. Auch der klassische Fußbodenbelag, das Linoleum, kehrt als schadstofffreies Leinölprodukt in den Markt zurück und ersetzt das Kunstprodukt PVC. Viele Wörter deuten noch auf den früher so wichtigen Faserlieferanten hin: Linnen, Leinwand, Leintuch, Leineinband. Der umweltverträgliche Stoff ist im Kommen.

Vielblättrige Lupine
Lupinus polyphyllus

- Schmetterlingsblütler
- Juni bis September
- 25 – 90 cm

Merkmale
Ausdauernde Sommerpflanze; Blätter in 12–15 Teilblättchen gespalten; blauviolette, duftende Blüten in einem kerzenähnlichen Blütenstand am Ende der Stängel; graue Fruchthülsen.

Sie macht den Boden wertvoll

Schon die alten Römer säten Lupinen aus, um sie als Gründünger für schlechte Böden zu verwenden. In Deutschland wurde ihr Anbau erst im vorigen Jahrhundert aufgenommen. Mit großem Erfolg, dieser Schmetterlingsblütler ist besser als jeder Kunstdünger.

Lupinen werden häufig an den Rändern neuer Straßen ausgesät. Sie besitzen eine besondere Fähigkeit, selbst nackte Sandböden fruchtbar zu machen. Der Grund dafür sind zahlreiche Bakterien, die sich in ihren Wurzeln befinden. Damit können sie den lebensnotwendigen Stickstoff anreichern und neuen, anspruchsvolleren Pflanzen den Boden vorbereiten. Die **Vielblättrige Lupine** wird zunehmend bei der Anlage neuer Gärten verwendet, um möglichst wenig künstlichen Dünger ausbringen zu müssen. Sie ist für besonders langlebige Samen bekannt (50 Jahre und mehr).

Eine Weide für Augen und Bienen

Die aromatisch duftenden, blauvioletten Blüten der Phazelie sind eine Wohltat für Augen und Nase. Und nicht nur für den Menschen, auch Bienen mögen diese Pflanze. Imker, die ihre Bienenstöcke in die Nähe von Phazelienfeldern stellen, erreichen hohe Honigerträge.

Phazelie
Phacelia tanacetifolia

- Wasserblattgewächse
- Mai bis Oktober
- 20 – 70 cm

Merkmale
Stark behaarte Pflanze mit gefiederten Blättern; Blütenstand schneckenförmig eingerollt, blauviolette Einzelblüten, aus denen die Staubbeutel weit herausragen.

Seit einigen Jahren färbt ein neues Blau unsere Felder und verändert das Bild ganzer Landschaften. Der ungewohnte Farbton stammt aus Kalifornien und wurde schon Mitte des vorigen Jahrhunderts als Zierpflanze bei uns eingeführt. Das Büschelschön stellt an Boden und Klima keine sonderlich hohen Ansprüche und kann selbst im Sommer noch gesät werden. Sein Siegeszug beruht auf besonderen Wirkungen: Diese fremde Pflanze sammelt keine heimischen Schädlinge auf, die späteren Feldfrüchten schaden können. Damit ist sie die ideale Gründüngungspflanze. Einen besonders guten Nebeneffekt hat die **Phazelie** noch. Sie fördert Honig sammelnde Insekten und dient dem Naturschutz auf ungewöhnliche Weise. Will man Äcker aus der Nutzung nehmen, zieht sie überschüssige Nährstoffe aus dem Boden und schafft blumenreiche Biotope.

Gewöhnlicher Hopfen
Humulus lupulus

- Hanfgewächse
- Juni bis August
- 2 – 8 m

Merkmale
Rechtswindende Kletterstaude mit feinen Kletterhaaren; grünweiße männliche Blüten in den Blattachseln, grüne, lang gestielte, zapfenartige weibliche Blütenstände.

Hopfen und Malz – Gott erhalts

Hopfen ist die Bierwürze schlechthin. In Mitteleuropa wird er seit dem 13. Jahrhundert kultiviert, in Nordamerika seit dem 18. Jahrhundert. Die bekanntesten Hopfengärten Deutschlands liegen in der Hallertau bei München, bei Nürnberg, Heidelberg und am Bodensee.

Die mittelalterlichen Mönche brauchten nicht weit zu gehen, um die richtige Würze zum Bierbrauen zu finden. Eine Liane in den deutschen Auwäldern lieferte ihnen den Stoff. Noch heute rankt sich der **Hopfen** durch Hecken und Ufergebüsche. Allerdings ist der Hopfen längst kultiviert und wird an langen Stangen und Drähten gezogen. Die Lianen sind Stecklinge weiblicher Pflanzen. Ihre Blüten, die an grüne Zapfen erinnern, besitzen viele Drüsenhaare. Diese enthalten neben ätherischen Ölen vor allem Harze. Sie geben dem Bier den Geschmack und schützen es auch vor zu schnellem Verfall. Je nach Hopfenmenge ist das Bier mehr oder weniger bitter. Das Geheimnis des Bierbrauens ist wohl seit dem 9. Jahrhundert bekannt. Deutschland erzeugt heute weltweit die größte Hopfenernte. Nur Hopfen, Wasser und Malz darf unser Bier seit 1516 enthalten.

Impressum

Mit 263 Farbfotos von Aichele (10 o., 12 o., 19 o., 30 o., 38 o., 39 o., 45 u., 80 o.), Ewald (17 o., 28 u.l., 44 u., 53 u.), Hecker (10 u.r., 17 u.l., 29 u.r., 31 o., 36, 39 u.l., 48 o., 49 o., 54 u.r., 55 u.r., 56 u.r., 62 o., 62 u.r., 65 o., 65 u.r., 67 u.r., 68 o., 69 u., 70/71, 89 u.l., 92/93, 93, 95 u., 99 o., 102 o., 103 o.), Jacobi (8/9, 22 o., 23 o., 24 o., 26 u. 28 u.r., 37 o., 47, 94 o., 96, 98 o., 122 o.), Laux (2, 11 o., 14 o., 18 u.r., 25 u.r., 38 u.l. 43 o., 63 alle, 76 o., 78 o., 81 u., 85 alle, 87 alle, 97 u., 100 alle, 114 u.l.), Layer (55 u.l., 56 u.l.), Limbrunner (22 u.l., 114 u.r.) Pforr, E. (91 u.l., 117 u.r.), Pforr, M. (9, 10 u.l., 13 o., 16 o., 16 u.r., 27 u., 29 u., 31 u.r, 33 o., 51 u., 52 o., 54 o., 54 u.l, 56 o., 57 o., 58 o., 59 o., 60 u.l., 67 o., 71, 75 o., 79 o., 82 u.l., 82 u.r., 84 o., 84 u.l., 90 u., 91 u.r., 105 o., 109 o., 110 o., 111 u.l., 113 o., 118 u., 120 alle, 121 o.), Pott (16 u.l., 19 u., 20 u., 24 u.r., 25 u.l., 34 o., 40 o., 41 u., 43 u., 44 o., 45 u., 46/47, 48 u.l., 49 u.r., 52 u., 53 o., 73 o., 75 u., 77 o., 102 u.r., 103 u.r., 106/107, 107, 108 u., 114 o., 115 u., 117 u.l., 119 u.r, 122 u.), Reinhard, N. (14 u.r., 67 u.l., 91 o., 104 u.r., 111 u.r.) Reinhard-Tierfoto (1, 4, 5 alle, 7, 11 u., 13 u., 15 u., 24 u.l., 30 o., 32 alle, 33 u., 38 u.r., 39 u.r., 49 u.l., 51 o., 57 u., 58 o., 60 o., 60 u.r., 64 u. , 65 u.l., 68 u., 69 o., 73 u., 74, 77 u., 79 u.l, 79 u.r., 80 u.l., 84 u.r., 86 u., 88 o. 89 o., 89 u.r., 94 u.l, 94 u.r., 99 u., 103 u.l., 104 u.l., 105 u.l., 108 o., 109 u., 110 u., 112, 113 u., 115 o., 116 u., 117 o.), Schönfelder (72 u., 105 u.r.), Vogt (6, 21 u., 23 u.r., 28 o., 29 u.l., 35 o., 42 u., 88 u.), Wagner (14 u.l., 21 o., 22 u.r., 35 u., 40 o., 62 u.l., 66 o., 76 u., 83 o., 83 u.r., 86 o., 95 o., 97 o., 98 u., 101 o., 111 o., 119 o., 119 u.l.) , Willner (3, 12 u., 17 u.r., 18 o., 20 o., 23 u.l., 26 o., 27 u., 31 u.l., 34 u., 37 u., 41 o., 48 u.r., 55 o., 61 alle, 64 o., 66 u., 90 o., 101 o., 102 u.l., 104 o.), Zeininger (18 u.l, 59 u., 78 u., 80 u.r., 81 u., 82 o., 83 u.l., 121 u.), Zeininger/Kühn (15 o., 42 u., 50, 116 o., 118 o.), Zepf, E. (25 o.), Zepf, W. (72 o.) sowie einer Farbzeichnung von Marianne Golte-Bechtle

Die Deutsche Bibliothek – CIP-Einheitsaufnahme
Der Titelsatz für diese Publikation ist bei der Deutschen Bibliothek erhältlich.

Wir widmen dieses Buch dem österreichischen Biologen Prof. Hubert Pschorn-Walcher. Er schaut die Natur, sieht und gibt weiter.

Umschlaggestaltung von Friedhelm Steinen-Broo, Pau (Spanien) unter Verwendung von 4 Farbdias von Reinhard-Tierfoto (Sonnenblume, Wurmfarn, Eberesche) und Layer (Wiesen-Glockenblume)

Gedruckt auf chlorfrei gebleichtem Papier

1. Auflage
© 2001, Franckh-Kosmos Verlags-GmbH & Co., Stuttgart
Alle Rechte vorbehalten
ISBN 3-440-08589-9
Lektorat: Dr. Sigrun Künkele
Grundlayout: Friedhelm Steinen-Broo, eStudio Calamar, Pau (Spanien)
Produktion: Markus Schärtlein, Lilo Pabel
Satz: Typomedia Satztechnik GmbH, Ostfildern
Reproduktion: Master Image, Singapur
Druck und Bindung: Těšínská Tiskárna, Český Těšín
Printed in Czech Republic / Imprimé en République tchèque

KOSMOS

Kosmos Kompakt
Natur ist unser Thema

Wolfgang Dreyer
Bäume
3-440-07838-8

Roland Gerstmeier
Schmetterlinge
3-440-07840-X

Wolfgang Hensel
Wildblumen
3-440-07839-6

Bruno P. Kremer
Heilpflanzen
3-440-07699-7

Karin Montag
Pilze
3-440-07835-3

Eckart Pott
Vögel
3-440-07700-4

**Jeder Band mit
224 Seiten
ca. 460 Abbildungen
Infoscheibe
Klappenbroschur**

www.kosmos.de